{ 내 아이를 위한
마법의 돈 굴리기 }

일러두기

- 본 책에서 제공하는 정보는 2023년 1분기 기준으로 작성되었습니다.
- 정부와 지자체, 금융사의 정책은 변경될 수 있으니 직접 확인이 필요합니다.
- QR코드로 수록된 영상 자료 및 홈페이지 주소는 변경될 수 있으니 이용 전 확인하세요.

내 아이를 위한
마법의
돈 굴리기

매월 30만 원으로
우리 아이 종잣돈 5억 만들기

김성일 지음

길벗

아이들을 위해,
조금 더 일찍 알았더라면

"어느 누구도 돈에 대해 말하지 않아. 그렇지만 모든 사람이 그걸 생각하지."

유럽의 전설적인 투자자 앙드레 코스톨라니가 1946년, 헝가리의 수도 부다페스트를 방문했을 때 들은 이야기다.

제2차 세계대전이 끝난 후 미국은 저금리 기조와 폭발적인 소비 증가로 돈에 대한 관심이 그 어느 때보다 높았다. 한편, 소련에 점령되어 위성국이 된 헝가리 부다페스트는 돈보다는 사회 문제와 예술을 논하는 분위기였다. 그런 분위기를 선호했던 코스톨라니에게 친구가 해준 말이 바로 저 문장이었다. 사회주의 국가가 된 헝가리에서 아무도 돈에 대해 말하지 않았던 이유는 돈을 가질 수 있다는 희망이 없어졌기 때문이었다.

우리나라는 어떠한가? "부자 되세요"라는 말이 인사말이 될 정도로 부에 대한 관심이 높으면서도, 한편에서는 "그놈의 돈, 돈, 돈!"이라며 치를 떨고, 부유한 사람들을 보면 무언가 정당하지 못한 방법으로 재산을 축적했을 것이라는 색안경을 끼고 보지 않는가?

금융교육은 중요하다.
너무 중요하니까 다시 말하겠다.
금융교육은 너무, 너무, 너무 중요하다.

우리 교육의 주안점은 사회에 도움이 되는 노동력을 제공할 수 있는 훌륭한 일꾼이 되는 것에 맞추어져 있다. 각종 기술을 연마하여 제품과 서비스를 만드는 데 기여하고 그 대가로 소정의 급여를 받는다. 그게 전부다. 기껏 교육을 받아도 그 결과로 노동자가 되어서 그 노동의 가치를 '도대체 그게 무엇인지조차 제대로 배운 적 없는' 돈이라는 것과 교환할 뿐이다.

돈을 어떻게 관리해야 하는지, 돈이 돈을 벌어오게 하려면 어떻게 해야 하는지는 기초교육 과정에서 알려주지 않는다. 그저 성인이 되면 돈을 벌고, 돈을 모아야 한다고 하니 아끼고 쪼개 몇 년을 모으기만 한다. 그리고 주변에서 '이제 재테크라는 걸 해야 된대'라고 하니 아무런 준비 없이 시작했다가 어렵게 모은 돈을 모두 날린다. 전문직이든 연예인이든 산전수전 겪은 사업가든 별반 차이는 없다. 아무리 똑똑하고 공부 잘하고 열정적이고 대인관계가 좋더라도 마찬가지다.

그래서 문제다. 지금까지 학교에서 혹은 기술을 연마하면서 경험한 바에 따르면, 어느 분야든 기초적인 커리큘럼이 있고, 그걸 가르쳐주는 '전문가'가 있다. 성실한 태도로 차근차근 배우면 실력을 키워나가게 마련이다. 우리가 새로운 분야를 접할 때 가장 바닥에 깔린, 의심조차 해보지 못한 가정이다.

그런데 금융시장에서는 그 가정이 먹히지 않는다. 수십 년 이상 경험을 쌓아온 사람보다 오늘 처음 시장에 들어온 사람이 돈을 더 많이 벌어갈 수도 있다. 몇 달간 특정 주식을 공부한 사람보다 그저 기분에 따라 주식을 거래하는 사람이 돈을 더 많이 버는 일도 숱하게 일어난다. 그리고 쉽고 빠르게 돈을 버는 방법을 알려주겠다는 소위 '전문가'도 판을 친다.

그러다 보니 도대체 누구로부터 무엇을 배워야 하는지도 알 수 없고, 무언가를 배워서 실천한다 한들 내가 제대로 하는 것인지 알기도 무척이나 어렵다. 그 와중에 분명 '저건 아닌데' 싶은 방법으로 돈을 벌어가는 사람들이 매번 눈에 띄니 혼란스럽기만 하다.

기초교육 과정에서 우리는 변동성과 불확실성을 다루는 법을 배우지 않는다. 현실 세계에서는 똑같이 A라는 선택을 했더라도 전혀 다른 결과들이 계속 쏟아져 나온다. 우리 두뇌는 눈앞에 일어난 현상에 대해 '그럴싸한 설명'을 갖다 붙이는 데에 능하다. 당장 눈앞에 보이는 단기 변동성에서 무언가를 파악해서 결정하고자 하면 결국 패배할 뿐이다. 우리가 해야 할 일은 전체 구조를 이해하고 '확률적으로' 올바른 선택이 무엇인지를 파악하는 것이다.

금융 자산에 투자해서 단기간에 얼마의 손실을 보고는 '저 돈이면 자장면이 몇 그릇인데', '쏘나타 한 대 날렸네' 같은 생각을 해서는 안 된다. 주사위를 던졌을 때 눈금은 1이 나올 수도, 6이 나올 수도 있다. 중요한 건 '이번에 나온 숫자가 1이냐 6이냐'가 아니라, '백 번 던져서 평균 3.5 정도가 나온다면 얼마를 벌 것이냐', '최악의 경우로 1이 백 번 나온다면 그때 입은 손해로 내가 다시는 이 게임에 참여할 수 없을 타격을 입느냐' 등이다.

이런 설명이 아무리 합리적이라 한들, 무의미한 단기 변동성을 버텨낼 수 있으려면 우선 내 몸이 변동성에 익숙해져야 한다. 가격이 계속 변하는 자산을 쥐고 있으면서 단기 변동성과 장기 변동성을 구분할 수 있어야 한다. 변동성을 벌금이 아닌 수수료로 받아들일 수 있어야 한다. 어차피 변하지 않는 것은 없다. 현금을 쥐고 있어도 현금의 가치는 매일 변하며, 부동산도 가격이 오르내리고, 채권도 원금 손실이 날 수 있다.

자본주의 사회를 살아가는 어른으로서 아이에게 해줄 수 있는 가장 큰 선물 중 하나는 변동성에 익숙해지도록 하는 일일 것이다. 세상에 딱 떨어지는 정답은 없다. 이럴 수도 있고 저럴 수도 있고, 오늘 실패했더라도 그걸로 끝이 아니라 오늘의 경험을 발판 삼아 더 나은 사람이 될 수 있다. 그렇게 노력하는 과정을 아이에게 가르친다면 아이가 성공적인 삶을 살아갈 확률은 훨씬 높아질 것이다.

이 책은 아이가 미래에 자립하기 전까지 익혀두면 좋을 '돈 굴리는 방법'을 알려주는 책이다. 자본시장의 보석 같은 교훈 중 하나는 '일찍 시작하는 것이 엄청나게 유리하다'는 점이다. 그다지 높지 않은 수익률이라도 복리로 쌓이면 엄청난 금액이 된다. 부모의 어렵지 않은 몇 가지 선택만으로도 아이가 세상에 나갔을 때 든든한 발판이 되는 종잣돈을 마련해줄 수 있다.

그리고 이 여정을 아이와 함께 해보라. 세상을 바라보는 눈과 변동성을 감내하는 태도는 어린 시절 어디서도 배우기 어려운 귀한 교훈이다. 이 모든 것들을 아이에게 전수하는 것은 부모의 몫이다. 부모의 노력과 관심으로 자본시장의 원리를 익힌 아이는 성인이 되었을 때 다른 또래보다 저만치 유리한 출발선에서 성년기를 시작할 수 있다.

김성일 저자는 오래전부터 재산을 어떤 형태로 보관하고 관리해야 하는지를 이야기해왔다. "이 방법을 따라 하면 단기간에 몇 퍼센트 수익을 낼 수 있습니다!"라는 부류의 허무맹랑한 이야기가 아니라, 누구나 따라 할 수 있고 따라 해야만 하는 검증된 이야기를 해왔다. 성인 대상으로 금융교육을 하다 보면 항상 듣는 이야기가 바로 "내가 이걸 조금 더 일찍 알았더라면…"이다. 저자도 그러한 반응을 수없이 많이 접하고 이 책을 썼으리라 생각한다. 이제 이 책을 읽은 뒤 실천한다면, 당신의 아이는 그 후회를 하지 않을 것이다.

홍진채

라쿤자산운용 대표, 《거인의 어깨》, 《주식하는 마음》 저자

❧❧❧

최근 자산배분 투자가 상당히 대중화되었음을 부쩍 느끼고 있다. 대중에게 자산배분에 관한 정보를 알리기 위해 누구보다 노력해온 저자에게 박수를 보낸다. 자산배분 투자법은 결국 생애주기 투자와도 깊은 관련이 있는 만큼, 자녀 계좌를 통한 장기투자는 안정적인 자산배분 투자의 목적에 가장 부합한다고 볼 수 있다. 이 책을 계기로 자녀들과 함께 자산배분 투자의 장기 여정을 마음 편하게 출발하길 바란다.

— **이성규**, 업라이즈투자자문 최고투자책임자(CIO), 《주식투자 ETF로 시작하라》 저자

❧❧❧

먹이고 입히고 공부시켜 사회에 내보냈다고 해서 자녀에 대한 걱정이 끝나는 건 아니다. 큰돈을 물려줄 수 있는 자산가가 아닌 이상 자녀의 경제적 독립을 위한 준비도 부모의 몫이 되었기 때문이다. 부모는 자녀에게 물려줄 종잣돈의 크기를 걱정하겠지만, 저자는 종잣돈의 크기가 아니라 투자 수익률과 투자 기간이 중요하다고 말한다. 자녀의 경제적 독립까지 도와주고 싶은 부모에게 이 책은 '지금 바로 투자를 시작해 가능한 한 오랜 투자 기간을 확보하는 효율적인 투자방법'을 찾게 도와줄 것이다.

— **레비앙**, 《책으로 시작하는 부동산 공부》 저자, '레비앙과 함께하는 경제공부' 블로거

꽃꽃꽃

사회 진출 시기가 점점 늦어지고 근로할 수 있는 총 연수가 줄어들고 있는 시대다. 결혼도 늦고 출산도 늦다. 아이가 대학에 가면 나는 이미 60대를 바라보게 된다. 이런 상황에 나의 노후를 생각하기도 벅찬데 아이를 위해서도 준비해야 한다고? 엄두도 나지 않을 것 같은 이 일을 현실화시킬 방법이 이 책에 담겨 있다.

《마법의 돈 굴리기》와 《마법의 연금 굴리기》에서 현실적이고 구체적인 노하우를 제시했듯, 김성일 저자는 이 책에서도 당장 실천할 수 있는 방법을 제시하고 있다. 여윳돈이 많지 않은 대부분의 부모를 위해 종잣돈의 액수가 아닌 투자 수익률과 투자 기간이 중요하다는 것을 이 책은 알려준다. 출산을 준비하고 있다면, 임신 기간부터 이 책에 나오는 자산배분 포트폴리오를 그대로 따라 해보자. 아이가 성인이 되어 독립할 때쯤 아이에게는 복리의 마법이 기다리고 있을 것이다. 이 책은 수익률도 챙기면서 안전성도 최대한 확보하는 올웨더 방식의 자산배분을 통해 김성일식 마법의 돈 굴리기를 제시하고 있다. 소중한 내 아이를 위한 미래투자 전략서이기도 하지만, 동시에 투자에 대한 내 시각을 업그레이드시켜주는 재테크 경제 도서이기도 하다.

— 이주현(월천대사), 《불황이지만 돈을 불리고 있습니다》 저자, 월천재테크 대표

한발 빠른 준비로
아이의 경제적 독립 기반을 마련해주세요

"육아의 궁극적인 목적은 자녀의 독립입니다. 부모는 아이를 성인이 되기까지 20년을 키우면서 아이가 좋아하는 것을 하면서 살 수 있도록 하고, 독립할 수 있는 힘을 길러주는 게 부모의 역할입니다."

정신과전문의 오은영 박사가 어느 TV 프로그램에서 한 말입니다. 평소 제 생각과 같아서 기록해 두었는데 이 책을 읽는 엄마, 아빠에게도 꼭 알려드리고 싶어서 첫 문장에 썼습니다.

아이가 독립한다는 것에는 여러 가지 측면이 있겠지만 '부모로부터의 독립'이 핵심일 것입니다. 단순히 부모와 자녀가 떨어져 산다는 얘기가 아닙니다. 독립적으로 사고하고 스스로 의사결정을 하며 자신의 삶을 주체적으로 살아나가는 것을 말합니다.

아이의 독립을 앞두고 부모가 해주고 싶은 것 중 하나가 금전적인 지원일 것입니다. 아이가 대학에 가거나 사회생활을 시작할 때, 혹은 결혼을 할 때 경제적으로 어려움이 없도록 도와주고 싶지요. 하지만 언제든 큰돈을 내놓을 수 있는 가정은 많지 않습니다. 금전적으로 풍족하게 지원해주고 싶은 마음은 크지만 당장 뭘 어떻게 해야 좋을지 모르는 경우가 대부분입니다. 그래서 이 책을 펼치셨을 것입니다. 이 책은 한정된 수입 내에서 매달 고심하며 살아가는 평범한 부모들을 위해 썼습니다.

먼저 유대인의 사례를 통해 힌트를 드리겠습니다. 유대인은 만 13세에 성인식을 합니다. 이 행사를 통해 축의금으로 보통 수천만 원에서 많게는 수억 원까지 받는다고 합니다. 큰돈이지요. 이 돈은 아이가 성인이 될 때까지 부모가 관리하며 주식, 채권, 예금 등으로 분산해 투자합니다. 자녀가 성인이 되어 독립할 때까지 짧게는 7년, 길게는 10년 이상 불어나면 꽤 큰 자금이 됩니다. 이 자금은 성인이 된 자녀가 취직할지, 종잣돈 삼아 창업할지를 결정할 때 중요한 역할을 한다고 합니다. 우리나라 부모들이 모두 투자 전문가가 아닌 것처럼 유대인 부모들도 특별히 투자에 뛰어나지는 않습니다. 다만, 그들은 전통에 따라 자산을 배분해 장기간 투자함으로써 자녀를 위한 종잣돈을 마련해준 것이지요. 우리 역시 유대인의 아이디어를 참고하고 실행하면 됩니다.

많은 부모가 흔히 오해하는 것 중 하나가 돈을 모으기 시작할 때 어느 정도의 종잣돈이 있어야 하지 않느냐는 걱정입니다. 하지만 미래의 부를 결정하는 부자 방정식의 요소 중 중요한 것은 종잣돈의 액수가 아니라 '투자 기간'과 '투자 수익률'입니다. 아이가 태어났을 때부터 매달 30만 원씩 투자했다면 얼마가 될까요? 안정적인 자산배분 투자로 연 7.2%의 수익률을 가정하면 아이가 20세가 되었을 때 총 납입금은 7,200만 원인데 계좌 잔고는 1억5,667만 원이 됩니다. 투자 원금의 2배가 넘지요. 자녀가 35세에 결혼한다고 가정하고 그때까지 계속 30만 원씩 투자했다면 납입 원금 1억2,600만 원에 계좌 잔고는 5억3,995만 원이 됩니다. 30만 원씩을 모은 것인데도 시간이 지나니 큰 금액이 되지요? 그러니 당장 투자할 돈이 없다고 고민하지 마십시오. 여러분에게는 아이가 성인이 될 때까지의 시간, 즉 투자 기간이라는 더 큰 무기가 있으니까요.

　저 역시 여러분과 같은 고민을 하는 평범한 부모입니다. 두 아이의 아빠이며 국책은행에서 20년간 직장인으로 살았고, 투자자문사에서 최고투자책임자(CIO)로도 일했습니다. 이런 경험 때문에 여러분보다 조금 먼저 투자를 시작했고, 아이들을 위한 종잣돈을 마련하려는 고민도 하게 됐습니다. 다양한 투자 방법을 공부하고 적용해본 결과, 자산배분 포트폴리오 투자가 제게 잘 맞는 방법이라는 것을 알게 됐습니다. 자산배분 포트폴리오가 투자 초보자나 바쁜 직장인에도 도움이 되는 투자법이라고 생각하여 2017년《마법의 돈 굴리기》, 2019년《마법의 연금 굴리기》 등의 책을 통해 자산배분 투자를 소개했습니다. 2019년부터는 제 연금 계좌들의 성과를 블로그를 통해 공개하고 있습니다. 2023년 3월 말 기준, 제가 ETF 자산배분 포트폴리오로 굴리고 있는 IRP(개인형퇴직연금) 계좌의 수익률은 누적 37.6%입니다. 4년 3개월간 투자했으니 연환산 수익률은 7.8% 정도 됩니다. 자세한 성과 내용은 제 블로그에 올려두었으니 꼭 확인하시기 바랍니다.

 저자의 4년 3개월 투자 성과 인증 포스팅

자산배분 투자는 약간의 짬을 내면 누구나 실천할 수 있는 투자법입니다. 어렵거나 복잡하지도 않습니다. 부지런하지 않아도 할 수 있기에 꾸준하게 장기로 운용할 수 있습니다. 그렇기에 한번 준비해서 시작하면 안정적으로 수익을 쌓아나갈 수 있는 방법입니다. 단계 하나하나를 상세히 소개하였으니 이 책을 아이와 부모 모두를 위한 자산배분 투자 참고서로 삼아 시작하시기 바랍니다.

저의 졸저로 도움을 얻었다며 응원의 말씀을 주시는 독자 여러분께 감사의 말씀을 전합니다. 그분들의 메시지는 힘든 책 쓰기를 다시 하게 하는 원동력이 되었습니다. 오랜 기간 원고를 기다려주신 길벗출판사 관계자께도 죄송한 마음과 감사를 전합니다. 제주에 계신 부모님과 몸이 편찮으신 장모님, 하늘나라에 계신 장인어른께도 감사의 인사를 전합니다. 책을 쓰는 동안 집중할 수 있도록 응원해 준 '내조의 여왕' 안영희 님께 감사드립니다. 지민, 지호에게도 사랑한다는 말을 남깁니다.

김성일

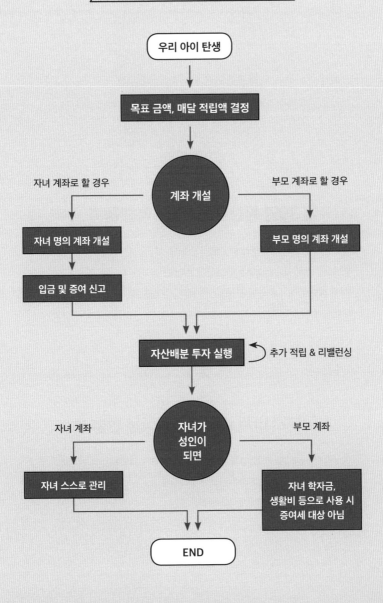

한눈에 보는 아이 돈 굴리기 투자 순서

우리 아이 탄생

목표 금액, 매달 적립액 결정

계좌 개설

자녀 계좌로 할 경우 → 자녀 명의 계좌 개설 → 입금 및 증여 신고

부모 계좌로 할 경우 → 부모 명의 계좌 개설

자산배분 투자 실행 ← 추가 적립 & 리밸런싱

자녀가 성인이 되면

자녀 계좌 → 자녀 스스로 관리

부모 계좌 → 자녀 학자금, 생활비 등으로 사용 시 증여세 대상 아님

END

차례

1장

월 30만 원으로 종잣돈 5억 만들기

2장

지금부터 아끼고 모아서 종잣돈 만들기

3장

계좌를 어디에 만들까요?

4장

투자의 수익과 위험 제대로 알기

5장

투자를 망치는 선입관 바로잡기

6장
자산배분 투자법의 장점과 포트폴리오 만들기

7장
증권계좌 만들고 투자 시작하기

8장
증여 신고하기

9장
절세 계좌로 추가 수익 만들기

10장
그밖에 궁금한 내용들

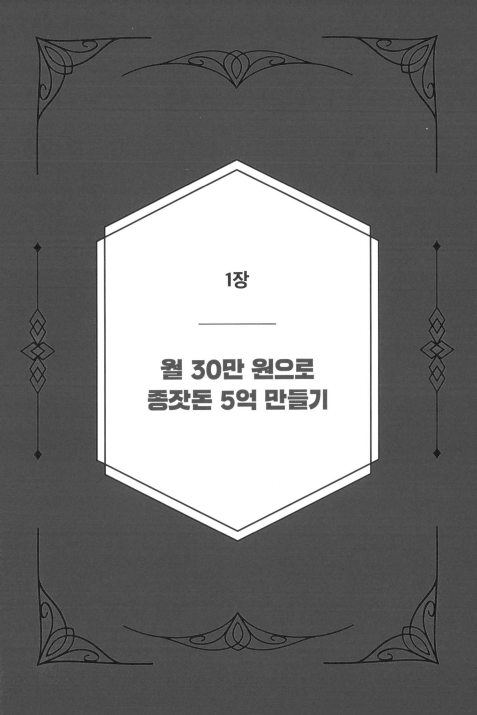

1장

월 30만 원으로
종잣돈 5억 만들기

유대인의 성인식에서
힌트를 얻을 수 있어요

　머리말에서도 언급했듯이 유대인은 아이가 만 13세가 되면 성인식을 엽니다. 이 행사는 유대인들에게 매우 중요하며 성대하게 치러집니다. 아이들은 성인식 때 세 가지 선물을 받습니다. 성경책, 손목시계 그리고 축의금입니다. 성경은 유대인의 종교적인 전통을 지키라는 의미이고 시계는 약속을 잘 지키고 시간을 아끼라는 의미입니다. 성인식이 열리면 친구, 친척, 지인 등 많은 사람이 모여 아이에게 축하와 함께 축의금을 건넵니다. 이때 가까운 친척들은 유산을 물려주듯 큰돈을 주기도 합니다. 그래서 성인식 축의금이 수천만 원에서 많게는 수억 원에 이릅니다. 이 돈은 부모가 쓰지 않고 아이가 성인이 될 때까지 주식, 채권, 예금 등으로 분산 투자를 해서 돈을 불려줍니다. 이 돈은 아이가 원할 때 언제든지 돌려주어야 하며 금융에 관심이 많은 아이는 직접 투자하고 관리하기도 합니다.

유대인의 성인식은 아이가 경제적으로 독립을 준비하고 계획하는 시작점입니다. 용돈 수준이 아닌 큰 규모로 모인 축의금을 다양한 자산에 분배해 투자함으로써 투자의 중요성을 가르치고, 자금을 관리해 보게 하려는 목적도 있습니다. 아이는 성인식 이후 경제적으로 독립할 때까지 대략 7년의 기간 동안 '나의 돈이지만 쓸 수 없는 돈이 있다'는 사실을 알게 되고, 투자를 통해서 그 돈이 점점 불어난다는 사실을 체감합니다. 그리고 그 돈이 내 돈이 될 때까지 인내심을 가져야 한다는 것도 배웁니다. 성인식 때 받은 돈은 대학 졸업 무렵이면 상당한 규모로 불어나게 됩니다. 이 시기에 유대인 아이들은 취직할 것인지 이 돈을 종잣돈 삼아 창업할지를 결정합니다.

유대인의 성인식 전통에서 우리는 무엇을 배우고 실천해야 할까요?

첫 번째, 아이의 돈은 처음부터 따로 관리하는 게 좋습니다. 태어났을 때와 돌잔치에 받은 축의금과 명절에 받는 세뱃돈, 친척들이 주는 용돈 등 아이가 받은 돈은 엄격하게 구분해서 아이의 미래를 위해 별도로 관리해 주어야 합니다. 그래야 아이도 돈에 대한 개념이 생겨나면서 자기 것에 대한 애착과 함께 금융이나 투자에 관심을 두게 됩니다. 아이가 금융 문맹으로 자라길 원치 않는다면 자기만의 통장이 있음을 알려주고, 어떻게 투자되고 있으며 금액이 얼마나 늘어났는지 등을 아이가 관심 가질 때마다 알려주며 금융에 익숙해지도록 노력해야 합니다.

두 번째, 투자를 일찍 시작하되 수익률에도 신경을 써야 합니다. 앞서 유대인들은 만 13세 성인식과 함께 투자를 시작한다고 했습니다. 이들의 투자 수익률이 연평균 7.2%라면 원금이 2배가 되는 데 10년이 걸립니다. 즉 대학을 졸업할 무렵인 23세에는 투자금의 대략 2배를 종잣돈으로 갖고 있게 됩니다. 더 일찍 투자를 시작해 투자 기간이 20년으로 늘어나면 투자금의 4배를 종잣돈으로 만들어 줄 수 있습니다. 30년을 투자하면 투자금이 8배로 불어나게 됩니다.

몇 년이 지나야 원금이 2배가 되는지 어떻게 계산할 수 있냐고요? 이것을 쉽게 계산할 수 있게 해주는 72법칙이라는 것이 있습니다. 72법칙은 "72÷연수익률=원금이 2배 되는 기간"이라는 공식입니다. 연수익률이 7.2%일 때 이 공식을 이용한 계산 값은 10(=72÷7.2)이 됩니다. 그래서 아까부터 수익률 7.2%를 가정했던 것입니다. 즉 10년 후 원금이 2배가 되는데 이를 다르게 표현하면 수익률 100%라는 의미입니다. 연수익률이 7.2%가 아닌 절반(3.6%)일 경우는 원금이 2배가 되려면 20년(=72÷3.6=72÷(7.2÷2)=(72÷7.2)×2=10×2)이 걸립니다. 2000년부터 2022년까지 23년간 우리나라 예금금리는 연평균 3.1%였습니다. 따라서 예금만 했다면 아이가 성인이 될 때까지 규모 있는 목돈을 마련하기가 어렵겠죠. 그렇기 때문에 투자를 적극적으로 검토해야 하고, 그중에서도 안정적으로 수익을 내는 자산배분을 배워야 합니다.

> **72법칙**
> 원금이 2배가 되는 기간을 계산하는 공식입니다. 72에 연수익률을 나눠서 나오는 값
> 이 바로 '원금이 2배 되는 기간'입니다. 우리나라는 2000년부터 2022년까지의 연평
> 균 예금금리가 3.1%였습니다. 이 기간 동안 예금만 했다면 원금이 2배 되는 데 23년
> 이 걸리는 거지요. 아이가 대학 졸업할 때가 되어야 원금의 2배가 마련되니 안전하다
> 는 이유로 예금만 해서는 아이에게 충분한 목돈을 마련해주기 어렵겠지요?

　세 번째, 주식, 채권, 예금 등 다양한 자산으로 분산된 포트폴리오로 투자하는 것입니다. 유대인의 오랜 지혜를 모은 책인 《탈무드》에는 "모든 이로 하여금 자신의 돈을 세 부분으로 나누게 하되 3분의 1은 토지에, 3분의 1은 사업에 투자케 하고, 나머지 3분의 1은 예비로 남겨두게 하라."는 말이 나옵니다. 구약성경 〈전도서〉에는 "당신의 몫을 일곱이나 여덟 가지 정도로 나누도록 하라. 왜냐하면 이 지구상에 어떠한 불행이 닥칠지 알지 못하기에."라는 구절도 있습니다. 사마천이 지은 《사기》에는 교토삼굴(狡兎三窟)이라는 말이 나오는데 "영리한 토끼는 3개의 굴을 파 놓아 위험을 대비한다."는 의미입니다.

　이 말들을 인용한 것은 동서양을 막론하고 오래전부터 '위험 관리와 분산'이 중요한 지혜였다는 말씀을 드리기 위해서입니다. 요즘용어로 이런 투자법을 '자산배분 포트폴리오 투자'라고 합니다. 자

산배분 투자는 위험 수준이 낮으면서도 연 7~8% 정도의 수익을 낼 수 있습니다.

지금 책을 읽는 분들이 투자 전문가가 아닌 것과 마찬가지로 모든 유대인 부모가 투자 전문가는 아닙니다. 그럼에도 그들은 전통에 따라 자산배분을 하고 투자에 힘써 아이들에게 종잣돈을 마련해 주었습니다. 우리도 그들의 아이디어를 이용해 투자를 하고 이를 지속한다면 아이를 위한 의미 있는 목돈을 마련할 수 있습니다. 이 책을 통해서 어디에 계좌를 만들고, 어떤 자산과 종목을 고르며, 얼마만큼의 비율로 투자해야 하는지, 어떻게 자산배분 포트폴리오 투자를 실천하는지 상세하게 설명하겠습니다.

월 30만 원씩 모으면 20년 후 얼마가 될까요?

아이가 갓 태어났을 때부터 매달 30만 원씩 20년간 꾸준히 투자한다면 얼마를 모을 수 있을까요? 연간 7.2% 수익률을 가정하면 아이가 20세가 될 때까지 총 납입한 원금은 7,200만 원인데 투자 계좌의 잔고는 1억5,667만 원이 됩니다. 아이가 대학에 간다면 학비와 생활비로 쓰기에 부족하지 않은 금액일 겁니다.

아이가 취업을 하고 결혼하는 시점인 35세까지 모으고 굴렸다면

표 1 ⟩⟩⟩ **적립과 복리 효과 (월 30만 원 투자, 연 7.2% 수익률 가정)**

투자 기간	납입 원금(만 원)	계좌 잔고(만 원)	납입 원금 대비 잔고 비율
5년	1,800	2,159	120%
10년	3,600	5,215	145%
15년	5,400	9,542	177%
20년	7,200	15,667	218%
25년	9,000	24,338	270%
30년	10,800	36,615	339%
35년	12,600	53,995	429%

납입 원금 1억2,600만 원에 계좌잔고는 5억3,995만 원이 됩니다. 15년 더 굴렸을 뿐이지만 복리 효과 때문에 잔고가 3.4배 이상 불어났습니다. 월 60만 원씩 투자했다면 어땠을까요? 앞서 계산한 결과에 2를 곱하면 되는데, 20세에 3억1천만 원, 35세에 10억8천만 원의 자금이 모이게 됩니다.

　[표 1]의 가장 오른쪽 항목인 납입 원금 대비 계좌 잔고의 비율을 보세요. 투자 기간이 길어질수록 더 큰 차이를 보입니다. 바로 복리 효과 때문입니다. 복리란 중복된다는 뜻의 한자어 복(復), 이자와 이윤을 의미하는 리(利)가 합쳐진 단어로 말 그대로 이자에 이자가 붙는다는 뜻입니다. 따라서 원금과 수익금(혹은 이자)이 재투자된다는 가정 하에 복리 계산은 다음과 같이 할 수 있습니다.

투자 결과 = 투자금 × (1 + 투자 수익률) 투자 기간

　참고로, 매달 적립하는 경우는 엑셀 프로그램의 FV 함수를 이용하면 쉽게 계산할 수 있습니다. 수식은 "=FV(수익률, 납입기간, 납입금, 0, 1)"와 같이 입력합니다. 앞서 계산한 내용을 기준으로 실제로 입력한다면 "=FV((1+7.2%)^(1/12)−1,20×12,−30,0,1)"이 됩니다.

　조금 복잡해 보이나요? 하나씩 설명하겠습니다. 먼저 '수익률' 항목에는 연수익률 7.2%의 월 단위 수익률 계산식인 "(1+7.2%)^(1/12)

매달 적립하는 경우 미래 잔고 계산하는 방법

엑셀에서 제공하는 함수 FV는 미래가치(Future Value)라는 의미로, 일정 금액을 정기적으로 납입하고 일정한 수익률(이율)을 적용할 경우 특정 기간 후에 얼마가 되는지 계산해줍니다.

함수를 사용할 때는 =FV(rate, nper, pmt, [pv], [type])의 형태로 입력해야 합니다.

Rate : 수익률(혹은 이율)을 입력합니다. 연수익률을 월수익률로 계산해서 넣을 때 "연수익률/12"와 같이 계산하면 안 되고, "(1+연수익률)^(1/12)−1"와 같이 입력해야 올바르게 계산됩니다.

nper : 납입하는 기간을 입력합니다. 20년간 매달 납입한다면 20×12인 240을 입력합니다.

Pmt : 매월 입금할 금액을 입력합니다.

pv : 앞으로 지급할 납입금의 합계를 말하는데 단순하게 0을 입력하면 됩니다. 참고로 엑셀 함수 수식에서 [](대괄호)로 묶인 부분은 입력하지 않아도 된다는 의미입니다.

Type : 월초에 넣는지 월말에 넣는지를 구분해줍니다. 월초에 넣으면 그 달치 수익이 더 계산이 되니까요. 1을 넣으면 월초, 0을 넣으면 월말이라는 의미입니다.

-1"를 입력합니다. 두 번째 항목인 '납입기간'에는 20년간 매달 납입한다고 가정하고 "20×12"를 넣고, 세 번째 항목인 '납입금'에는 월 적립금인 "-30"을 입력합니다. 이때 마이너스 기호를 넣는 이유는 내 통장에서 돈이 나간다는 의미라고 이해하면 됩니다. 다음 '0'이 입력된 부분은 미래 지급액에 상응하는 현재가치의 개략적인 합계를 넣을 수 있는데 단순하게 "0"을 넣으면 되고요. 마지막의 "1"은 월초에 납입했다고 가정하는 경우이고, 이 자리에 0을 넣으면 월말에 넣을 경우를 가정해 계산해줍니다. 이렇게 계산하면 "₩15,667"이라는 결과가 나올 텐데, 만 원 단위로 입력한 것이므로 ₩15,667은 1억5,667만 원을 의미합니다.

'부자 방정식'에서 중요한 것은 종잣돈보다 시간입니다

부자 방정식: 미래의 부 = 종잣돈 × (1 + 투자 수익률) [투자 기간]

앞서 살펴본 복리 계산식을 이용하여 '부자 방정식'을 만들 수 있습니다. 미래에 부자가 되고 싶다면 종잣돈을 모으고, 투자로 수익률을 올리고, 오랜 기간 복리로 굴리면 됩니다. 여기서 많은 분들이 오해하는 부분이 종잣돈이 많아야 한다고 생각한다는 점입니다. 종잣돈이 아예 없다면 당연히 돈을 모을 수 없습니다. 하지만 종잣돈이 적다고 부자가 되지 못하는 것은 아닙니다. 종잣돈의 금액보다 투자 수익률이 더 중요하고, 투자 기간이 얼마나 되느냐가 훨씬 큰 영향을 미치기 때문입니다.

부자 방정식에서 '미래의 부'는 종잣돈과는 곱하기의 관계를 갖는 데 비해, 투자 수익률 및 투자 기간과는 거듭제곱의 관계를 갖습니다. 다음 페이지의 [그림 1]은 이 내용을 설명한 것입니다. 첫 번째 그림은 수익률이 7%, 투자 기간이 20년으로 동일하되 종잣돈만 1,000만 원에서 1억 원으로 다른 경우의 결과를 보여줍니다. 미래의 부는 종잣돈이 커지면 같이 늘어나지만 같은 비율로 커지는 모습을 볼 수 있습니다. 두 번째 그림은 종잣돈이 5,000만 원이고 투자 기간이 20년으로 동일한데 투자 수익률이 다른 경우의 결과입니다. 투자 수익률이 높아질 때 미래의 부는 기하급수적으로 증가합니다. 구체적으로 살펴보면 수익률 1%일 때는 6,101만 원이 되는데, 수익률이 7%일 때는 1억9,348만 원이 되고, 15%이면 8억1,833만 원이 됩니다. 세 번째 그림은 종잣돈이 5,000만 원이고 수익률이 7.2%로 동일한데 투자 기간이 5년부터 35년까지 각각 달라질 때의 모습입니다. 이 역시 기간이 지남에 따라 미래의 부가 기하급수적으로 늘어납니다. 5년 투자 시 7,079만 원이 되는데, 20년을 투자하면 2억85만 원이 되고, 35년이 되면 5억6,989만 원이 됩니다.

다시 한 번 요약하면, 종잣돈의 크기보다 투자 수익률과 투자 기

그림 1 〉〉〉 **종잣돈, 투자 수익률, 투자 기간이 미래의 부에 미치는 영향**

간이 훨씬 더 중요합니다. 그러니 지금 당장 아이를 위해 큰돈을 마련하지 못한 것을 아쉬워할 필요는 없습니다. 오히려 투자를 조금이라도 일찍 시작하고, 투자 수익률을 높이려는 노력을 하지 않는 것을 미안해해야 합니다. 다만, 투자 수익률을 높이는 것에는 한계가 있습니다. 세계 10대 부자 중 유일하게 투자자인 워런 버핏의 수익률도 연 20%가 채 되지 않습니다. 투자 천재라는 워런 버핏도 그 정도인데 일반인이 높은 수익을 얻는 것은 대부분 불가능하겠지요. 하지만 자산배분 투자를 통해 5~10% 정도의 수익을 얻는 건 누구나 가능합니다. 부모가 아이를 위해 준비해야 할 것은 지금 바로 투자를 시작해 가능한 한 오랜 투자 기간을 확보하는 것입니다. 따라서 지금이라도 우리 아이를 위해 눈덩이가 굴러갈 수 있는 긴 언덕을 만들어 큰 눈덩이가 되도록 준비해야 합니다.

아이를 위해
나무를 심는 마음으로 시작하세요

더운 여름날 한 노인이 땀을 뻘뻘 흘리며 과일나무 묘목을 심고 있었습니다. 지나가던 젊은이가 노인을 도와주며 물었어요.

"언제쯤 그 나무에서 열매가 열리겠습니까?"

"아무래도 십수 년은 지나야겠지요."

노인의 대답에 젊은이는 고개를 갸우뚱하며 다시 물었어요.

"어르신께서 그 나무의 열매를 맛보실 수 있겠습니까?"

"어렵겠지요. 제가 어렸을 때 마당에 있던 나무에는 열매가 잔뜩 열려 있었어요. 할아버지와 아버지께서 심어 두셨기 때문이지요. 저도 그저 우리 할아버지, 아버지와 똑같은 일을 할 뿐입니다."

《탈무드》에 나오는 '나무 심는 노인' 이야기입니다. 여러분이 지금부터 아이를 위해 투자를 시작하는 것은 과일나무를 심는 것과 같습니다. 나무가 열매를 맺기까지 오랜 시간이 걸리듯, 아이를 위한 돈 굴리기 역시 충분한 시간이 필요합니다. 앞서 묘목의 크기(종자돈의 크기)가 중요한 게 아니라고 말씀드렸습니다. 나무에 충분한 영양분(수익률)을 주며 가꾸면 됩니다. 나머지는 시간(투자 기간)이 해결해 줍니다. 일찍 시작해 복리 효과를 누릴 수 있도록 준비하는 것이 부모의 몫입니다.

저 역시 여러분과 같은 고민을 하는 부모의 입장입니다. 현재 고등학교 1학년인 딸과 초등학교 6학년인 아들을 키우는 아빠입니다. 저는 대학에서 컴퓨터공학을 전공하고 은행에 들어갈 때까지만 해도 금융에 문외한이었습니다. 적금 금리가 예금 금리보다 높은 이유도 몰랐으니까요. 사회생활을 하면서 닥치는 대로 돈에 관한 공부를 해왔습니다. 은행에 근무하니 하기 싫어도 안 할 수가 없었죠. 딱히 물어볼 곳도 없으니 손 닿는 대로 이 책 저 책 읽었습니다.

큰아이가 태어났던 2007년에는 펀드를 이용해 투자를 하고 있었습니다. 2002년부터 본격적으로 투자를 했고, 2007년까지는 꽤 수익이 높았습니다. 당시 IT 버블이 꺼지며 시중에 유동성이 풍부했고, 부동산, 주식 할 것 없이 가격이 오르던 시절이었습니다. 제 실력으로 수익이 높았던 게 아니라 그냥 좋은 시장에 올라탄 것일 뿐이었지만 그때는 그것을 모르고 저의 투자 실력이 꽤 된다며 자신만만했습니다. 임신한 아내가 직장 고민을 하자 제가 투자로 얻는 수익이 좋으니 퇴사하고 육아에 전념하는 게 어떻겠냐고 권하기도 했습니다. 그렇게 자만했던 터라 2007년 아이가 태어나면서 받은 축의금까지 제 계좌에 포함해 같이 운용했습니다. 그러다가 2008년 글로벌 금융위기가 터졌습니다.

각국 주식 시장이 반 토막이 났고, 버블이 심했던 신흥국들은 고점 대비 60~70%나 주가가 하락했습니다. 제 계좌 역시 하락을 피해 가지 못했습니다. 다행히 분산을 해두었고, 제가 투자를 시작한 시점이 빨라서 원금 대비 손실폭은 크지 않았습니다. 시장은 하락과 상승을 반복한다는 믿음이 있어서 투자를 중단하지도 않았죠. 하지만 펀드만을 이용한 분산에는 한계가 있다는 것을 이때 알게 됐습니다. 불과 1년 전에 들어간 제 아이의 자금이 큰 손실을 보았음은 말할 필요도 없습니다. 2008년 급락하던 시장으로 인한 고통을 견디고 있자니 2009년의 화려한 상승장에 다시 수익이 나기도 하더군요. 투자 실력에 자만하다가 맞은 폭락장과 상승장에 고통을 제대로 겪어보니 더욱 본격적으로 투자 공부를 하게 됐습니다. ETF라는 상품이 다양하게 나오기 시작했고, 해외 자산에 투자할 때는 환노출이 더 유리하다는 점도 알게 되었고요.

그러던 중 은행의 인재 선발 제도에 운이 좋게 합격해 MBA 대학원을 다니게 됐습니다. 본격적으로 금융을 공부해 전문가가 되고 싶어 금융공학을 선택했습니다. 전공 공부를 하면서 자산배분 포트폴리오 이론에 대해 더욱 깊이 있게 알게 됐습니다. 다양한 자산배분 모델을 연구하고 분석한 덕분에 석사 논문도 잘 마쳤고요. 그 이후로는 제 자산 역시 ETF를 이용해 자산배분 포트폴리오를 만들어 투자하고 있습니다. 아이들의 자금 역시 같은 방법으로 꾸준히 투자해 오고 있고요.

2017년 자산배분 투자법을 다룬 첫 책인 《마법의 돈 굴리기》를 출간하게 됐습니다. 예상치 못하게 독자의 호응을 얻으며 큰 보람을 느꼈습니다. 제 블로그는 독자와의 소통 공간이 되어 주었습니다. 그러던 중 '연금 계좌에서도 ETF로 투자할 수 있는가?', '자영업자인데 IRP에서 ETF 투자를 할 수 있다는데 책에 나온 대로 하면 되겠느냐?'와 같은 질문을 독자들로부터 많이 받았습니다.

2018년 초까지만 해도 저는 연금에 무지했습니다. 2018년 하반기에 질문이 많았던 연금, 절세 계좌들을 공부해 보니 ETF로 자산배분 투자하기에 최적인 계좌라는 것을 알았습니다. 17년간 매달 납입하며 유지했던 연금저축보험을 증권사의 연금저축펀드 계좌로 옮기고, IRP와 ISA 계좌도 새로 가입하며 포트폴리오도 각 계좌 특성에 맞춰 새로 만들었습니다. 그 내용을 책으로 엮어서 2019년에 낸 책이 《마법의 연금 굴리기》입니다. 기존에 연금 계좌로 투자할 수 있는 방법을 알려주는 책이 없어서인지 '마연굴'이라는 애칭도 얻으며 많은 분이 읽어주셨습니다.

마연굴이 세상에 나오며 독자들과 더욱 적극적으로 소통하고자 제 계좌를 공개하기 시작했습니다. 제가 연금저축펀드·IRP·ISA를 만들고 투자하기 시작한 것이 2019년 1월부터입니다. 2023년 4월 현재까지 계속 투자를 하며 계좌를 공개하고 있으니 벌써 4년 3개월이 지났습니다. 짧다면 짧은 4년이지만 그 사이 금융 시장에는 많은 일이 있었습니다. 2020년 3월 코로나 대유행으로 전세계 주식 시장이 한 달 만에 30% 넘게 하락하고, 원유는 선물 가격 기준으로 마이너스가 되기도 했습니다. 2008년처럼 주가가 반 토막이 날 것이라는 전망과 전 세계 경제가 무너질 것이라는 공포가 휩쓸었습니다. 하지만 저는 꽤나 다양한 시장을 경험해왔고, 투자 공부도 철저히 하고 있었기에 꾸준히 리밸런싱을 하며 계좌 공개를 지속했습니다. 경기를 살리기 위한 각국 중앙은행의 노력으로 주가는 누구도 예측하지 못한 속도로 반등했습니다. 시장에 풀린 유동성이 주식과 부동산으로 넘쳐 들어온 것이죠. 만약 그때 주식 같은 투자자산을 다 정리해 현금화해둔 사람이라면 큰 수익을 얻을 기회를 날렸을 것입니다. 그러던 시장은 과열되었고, 2022년 과열과 거품이 꺼졌습니다. 주식과 부동산 모두 하락장을 겪었습니다. 누구도 의심치 않았던 미국 주식과 나스닥 역시 폭락을 피하지 못했죠. 그러나 저는 자산배분 포트폴리오의 힘을 믿었기에 꾸준히 리밸런싱을 하며 계좌를 공개했습니다.

2023년 시장은 여전히 혼란스럽습니다. 러시아-우크라이나 전쟁은 언제 끝날지 알 수 없고, 수십 년만의 고물가를 잡기 위한 각국 중앙은행의 금리 인상 역시 지속되고 있습니다. 미국에서 16번째로 큰 은행이었던 실리콘밸리은행(Silicon Valley Bank)이 파산하는가 하면, 세계 5위권 안에 드는 167년 역사의 유럽 최고 투자은행인 크레디트스위스(Credit Suisse)가 UBS에 인수되기도 했습니다. 이렇게 어수선한 시장 속에서도 저는 자산배분 투자법을 여전히 신뢰하고 대부분의 자금을 실제로 투자하고 있습니다.

2023년 3월 말 기준 제가 ETF 자산배분 포트폴리오로 굴리고 있는 IRP(개인형퇴직연금) 계좌의 수익률은 누적 37.6%입니다. 4년 3개월간 투자했으니 연환산 수익률은 7.8% 정도 됩니다. 연금저축펀드 계좌의 경우 펀드 상품으로 운용하게 되면 급할 때 대출도 받을 수 있습니다. 제가 펀드로 구성해 자산배분으로 운용하는 연금저축펀드의 수익률은 누적 28.1%로 연환산 6.0%의 성과를 보입니다. 자세한 성과 분석 내용은 제 블로그에 올려두었으니 참고 바랍니다.

자산배분 투자는 바쁜 직장인도 잠깐만 짬을 내면 할 수 있는 투자법입니다. 내용이 어렵거나 복잡하지도 않습니다. 부지런하지 않아도 할 수 있기에 꾸준하게 장기로 운용할 수 있습니다. 이 책이 자녀와 부모 모두를 위한 자산배분 투자 참고서가 되기를 바랍니다. 이제 본격적으로 아이를 위한 자산배분 투자법에 대해 알아보겠습니다.

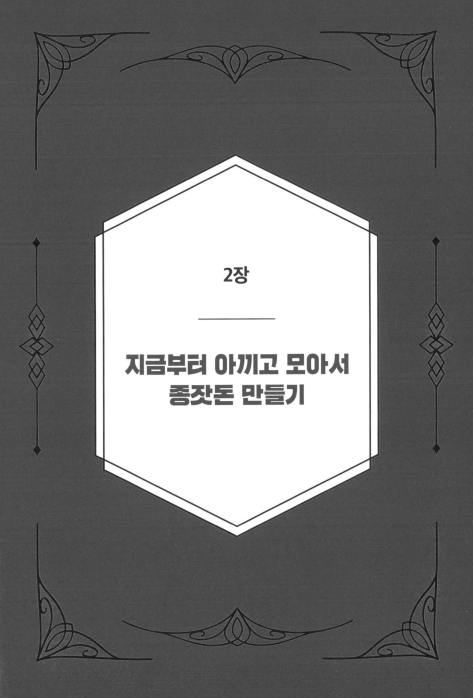

2장

지금부터 아끼고 모아서
종잣돈 만들기

아이가 태어났다면
지원금 꼭 챙기세요

정부와 지자체에서는 출산과 육아를 위한 다양한 정책적 지원을 하고 있습니다. 아이를 낳으면 반드시 챙겨야 할 부분입니다.

먼저 출산지원금은 자녀를 출산해 양육하는 가정의 경제적 부담을 일부 덜어주기 위해 지원하는 제도로, 정부가 지원하는 첫만남이용권과 지자체가 지원하는 출산장려금이 있습니다. 부모급여는 출산이나 양육으로 인한 소득 감소를 보전하여 가정에서 양육자와 아이가 함께하는 행복한 시간을 보장하고, 양육의 경제적 부담을 낮춰주기 위한 제도로 생후 23개월까지 지원됩니다. 아동수당은 아동의 건강한 성장 환경을 조성하기 위해 도입된 제도인데 아이 생일

표 2 >>> **2023년 기준 출산지원금 비교**

	0~11개월	12~23개월	만 8세 미만	비고
첫만남이용권	(아기당) 200만 원	-	-	쌍둥이 400만 원
부모급여	(2023년) 월 70만 원 (2024년) 월 100만 원	(2023년) 월 35만 원 (2024년) 월 50만 원	-	어린이집 보육시 차액 지급
아동수당	월 10만 원	월 10만 원	월10만 원	아이 생일 기준 96개월 까지
지자체 출산장려금	지자체별로 다름	-	-	-
기저귀·조제 분유 바우처	월 8~18만 원	월 8~18만 원	-	저소득층 대상

기준으로 96개월까지 매달 10만 원씩 지원됩니다. 첫만남이용권 (200만 원), 부모급여(1,260만 원), 아동수당(960만 원)에 지자체 출산 장려금 등을 더하면 총 2~3천만 원을 지원받을 수 있으니 늦지 않 게 신청하시기 바랍니다.

첫만남 이용권(200만 원)

첫만남 이용권은 출산을 축하하고 생애 초기 아동양육에 따른 경 제적 부담을 경감해주기 위한 제도입니다. 2022년 1월 1일 이후 출 생아로서 출생 신고되어 정상적으로 주민등록번호를 부여받은 아 동을 대상으로 합니다. 출산 시 최초 1회 지급되며 국민행복카드 바 우처 포인트로 200만 원을 받을 수 있습니다. 출생 순위, 다태아 등에 상관없이 출생아동 1인당 200만 원이 제공됩니다. 쌍둥이라면 200만 원씩 400만 원을 지원받을 수 있습니다. 유흥·사행업 등 지급 목적에서 벗어난 업종을 제외한 대부분의 업종에서 사용이 가능합니다. 포인트 사용 종료일은 아동 출생일(주민등록일)로부터 1년이니 잊지 말고 챙겨야 합니다. 기간 내 사용하지 않은 지급 포인트는 사용종료일이 지나면 자동으로 소멸됩니다. 예를 들어 2022년 4월 27일 출생아의 경우 2023년 4월 26일까지 사용 가능하며, 2023년 4월 27일 0시부터 바우처가 자동 소멸됩니다.

신청방법은 보호자 또는 그 대리인이 아동의 주민등록상 주소지 읍·면·동 행정복지센터에 방문해서 신청하거나 온라인으로 신청할 수 있습니다. 온라인 신청은 아동의 보호자가 부모인 경우에만 가능하며 복지로(www.bokjiro.go.kr) 또는 정부24(www.gov.kr) 사이트를 이용하면 됩니다. 자세한 내용은 국민행복카드 사이트 내 국가바우처사업 중 첫만남 이용권(http://www.voucher.go.kr/voucher/firstEncounter.do) 메뉴를 참고하시기 바랍니다.

부모급여(1,260만 원)

부모급여는 출산이나 양육으로 인한 소득 감소를 보전하여 가정에서 양육자와 아이가 함께하는 행복한 시간을 보장하고, 양육의 경제적 부담을 낮춰주기 위해 도입되었습니다. 2013년 1월부터 만 0세(0~11개월) 아동은 월 70만 원을 받고, 만 1세(12~23개월)가 되는 아동은 월 35만 원을 받게 됩니다. 2024년부터는 지원금액이 확대되어 만 0세 아동은 월 100만 원, 만 1세 아동은 월 50만 원을 받게 됩니다. 어린이집을 이용하는 경우에는 만 0세와 만 1세 모두 51만 4000원의 보육료 바우처를 받을 수 있습니다. 이 경우 만 0세반의 경우 부모급여(70만 원)와의 차액인 18만 6,000원은 현금으로 받습니다.

부모급여를 받기 위해서는 아동의 출생일을 포함한 60일 이내에 신청해야 합니다. 생후 60일 이내에 신청하는 경우에는 출생일이 속한 달부터 소급해 지원하지만, 생후 60일이 지난 후 신청하면 신청일이 속한 달부터 받을 수 있으므로 주의해야 합니다. 부모급여는 아동의 주민등록상 주소지인 읍·면·동 주민센터에서 신청하면 됩니다. 다만, 부모가 방문 신청할 경우 주소지와 무관하게 전국 주민센터에서 신청 가능합니다. 또한 복지로(www.bokjiro.go.kr)와 정부24(www.gov.kr)에서 온라인으로 신청할 수 있습니다. 온라인 신청은 아동의 보호자가 친부모인 경우에만 가능하며 그 외는 방문 신청해야 합니다. 행복출산 원스톱 서비스에서도 출생신고와 함께 부모급여를 신청할 수 있습니다.

부모급여는 신청한 계좌로 매월 25일에 입금됩니다. 만약 신청이 늦어져서 신청한 달 25일에 받지 못한 경우에는 신청한 다음 달 25일에 신청한 달의 부모급여를 같이 받게 됩니다. 어린이집을 이용하는 경우에는 부모급여 도입에 따른 불편이나 현장의 혼선을 최소화하기 위해 바우처로 받습니다. 보육료 바우처는 월초부터 지원되며, 어린이집 이용 시 국민행복카드를 활용해 바우처 지원금액을 결제할 수 있습니다. 다만, 만 0세인 아동이 어린이집을 이용하는 경우에는 부모급여 지원액이 바우처 지원액보다 커서 매월 25일 신청한 계좌로 차액이 입금됩니다. (문의 : 보건복지부 콜센터 129, 한국보육진흥원 콜센터 02-1661-5666, 한국사회보장정보원 콜센터 1566-3232)

아동수당(960만 원)

아동수당은 아동의 건강한 성장 환경을 조성하여 아동의 기본적 권리와 복지 증진에 기여하기 위해 도입된 제도로, 2018년 9월부터 시행되었습니다. 지급대상은 0세부터 만 8세 미만(초2 생일 전까지, 최대 96개월)으로 매월 10만 원을 받을 수 있습니다. 거주지 관할 읍·면·동 주민센터에서 신청하거나 복지로(www.bokjiro.go.kr)에서 온라인으로 신청할 수 있습니다.

지자체 출산장려금(30~300만 원)

저출산 문제를 극복하기 위한 노력의 일환으로 각 지자체마다 자체적으로 출산을 장려하기 위한 지원 사업을 하고 있습니다. 지자체별로 출생축하금, 출산지원금, 출산장려금 등 다양한 명칭으로 지원을 하고 있으며, 지원금액은 지자체별로 다르므로 거주 지역별로 찾아볼 필요가 있습니다. 임신육아종합포털 아이사랑(https://www.

그림 2 >>> **지자체별 출산지원금 조회하기**

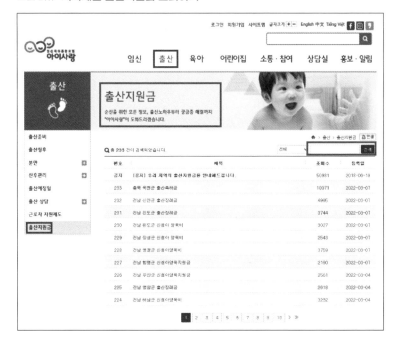

childcare.go.kr/)의 출산지원금 게시판에서 지역명을 입력 후 조회
하면 됩니다([그림 2] 참고). 예를 들어 경기도 용인시 출산지원금은
첫째아 30만 원, 둘째아 50만 원, 셋째아 100만 원, 넷째아 200만
원, 다섯째아 이상 300만 원 등이며 출생일로부터 1년 이내까지 신
청이 가능합니다.

저소득층 기저귀·조제분유 바우처

정부에서는 영아가 있는 저소득층 가정에게 건강한 아기의 양육

을 지원하고자 기저귀와 조제분유를 제공합니다. 출생 후 만 2세 미만 영아(0~24개월) 부모에 대해 최대 24개월 동안 지원됩니다. 지원 내용은 기저귀(8만 원) 및 조제분유(10만 원) 구매 비용을 국민행복 카드 바우처 포인트로 지급합니다. 출생일로부터 60일 전에 신청하면 24개월 모두 지원받을 수 있지만, 늦게 신청하면 지난 기간에 대한 금액은 없어지기 때문에 늦지 않게 신청해야 합니다. 기저귀 지원 대상은 기초생활보장, 차상위, 한부모가족 수급 가구 대상으로 만 2세 미만 영아별로 지원합니다. 또한 장애인 가구와 다자녀(2인 이상) 가구 중 기준중위소득 80% 이하인 경우도 지원 대상입니다. 기저귀 지원 대상 중 모유수유가 불가능한 경우 조제분유도 지원받게 됩니다. 신청방법은 영아의 주민등록 주소지 관할 시군구 보건소, 읍면동 주민센터를 방문하여 신청하거나 복지로(www.bokjiro.go.kr) 또는 정부24에서 온라인으로 신청할 수 있습니다. (참고: 보건복지부 콜센터 129, 보건복지부 홈페이지 http://www.mohw.go.kr/)

참고로 중위소득은 전 국민을 100명이라고 가정할 때 소득 규모 순 50번째 사람의 소득을 말하며, 통계청에서 표본조사를 통해 발

표 3 〉〉〉 **가구원 수에 따른 기준 중위소득 및 80% 기준(2023년 기준)** 〔단위: 원, 월〕

기준중위소득 %	1인 가구	2인 가구	3인 가구	4인 가구	5인 가구	6인 가구
기준중위소득	2,077,892	3,456,155	4,434,816	5,400,964	6,330,688	7,227,981
80%	1,662,314	2,764,924	3,547,853	4,320,771	5,064,550	5,782,385

출처: 중앙생활보장위원회

표합니다. 기준중위소득은 기초생활보장 급여별 선정기준 등에 활용하기 위해 중앙생활보장위원회의 심의·의결을 거쳐 고시하는 국민가구 소득의 중위값입니다. 2023년 기준중위소득 80%는 [표 3]과 같습니다. 예를 들어 4인 가구의 소득이 월 400만 원이라면 기준중위소득 80% 이하에 해당합니다. 반면 3인 가구의 소득이 300만 원일 경우는 기준중위소득 80%인 3,547,853원을 초과하므로 지원대상이 아닙니다.

당장의 비용을 줄여
미래의 목돈을 만들어주세요

아이가 생기면 무엇이든 좋은 것으로 해주고 싶은 것이 부모 마음입니다. 신생아용 침대나 유모차, 장난감 등을 준비할 때도 원목 제품, 새 상품, 심지어 명품 브랜드로 마련하면서도 아이를 위한 것이니 돈 아까운 줄 모릅니다. 하지만 아이가 당장 그런 제품을 사용하지 않으면 큰일 나요? 혹시 부모의 기분을 위한 소비는 아닐까요? 현란한 광고에 속은 것은 아닐까요? 아이가 꼭 사용해야 하는 물건이 아니라면 비싸고 좋은 브랜드 제품으로 살 돈을 절약하여 이를 투자했다가 아이가 성인이 되었을 때 목돈으로 주는 게 아이에게 더 도움이 되지 않을까요?

예를 들어 아이가 태어나면 신생아용 침대를 알아보곤 하는데 굳이 새 제품을 사지 않아도 됩니다. 중고 제품이나 주변에서 물려받거나 리스를 이용하면 비용을 절반 이상 줄일 수 있습니다. 아이에게 중고 제품을 쓰게 했다는 미안한 마음을 가질 것이 아니라 그만큼 아끼고 모은 돈의 미래 가치를 생각하며 보람찬 마음을 가져야 합니다. 100만 원이 훌쩍 넘는 유모차에 앉았다고 아이가 행복할까요? 오히려 100만 원을 절약해 투자한다면 성인이 된 아이가 고마워할 겁니다. 72법칙으로 계산해 보면 7.2% 수익률이라면 10년 후 원금이 2배가 되고, 아이가 성인이 되는 20년이 지나면 원금이 4배가 됩니다. 유모차에서 절약한 돈 100만 원이 400만 원으로 불어나는 것이죠. 20세가 된 아이에게 400만 원을 건네며 어학연수든 여행이든 원하는 곳에 사용하라고 하는 것이 명품 유모차보다 훨씬 가치 있지 않을까요?

아이가 태어나면서 받는 각종 정부지원금과 가족, 친척들의 축의금은 거저 얻은 것 같아 쉽게 쓰게 됩니다. 더구나 아이를 위한다는 명분이 있으니 평소에 절약하던 사람이라도 큰돈을 선뜻 지불하곤 합니다. 임신과 출산, 산후조리원 등을 거치면 일반적으로 수백만 원에서 수천만 원의 돈을 쓰게 됩니다. 그러다 보니 아이 용품을 살 때는 상대적으로 그 금액이 작아 보여 쉽게 소비하게 되죠. 집을 사거나 이사를 할 때도 이와 비슷한 현상이 발생합니다. 평소라면 아주 꼼꼼하게 성능과 가격을 비교해 보고 구입할 만한 소파나 식탁 같은 물건을 신혼살림을 장만하거나 이사를 할 때면 너무 쉽게 결정하고 턱턱 카드 결제를 합니다. 수천만 원에서 수억 원인 집값에 비하면 상대적으로 작은 금액으로 느껴지기 때문입니다.

사람들이 이렇게 행동하는 것을 '베버-페히너의 법칙'이라고 합니다. 자극의 강도와 사람의 감각 사이에는 일정한 비례관계가 존재한다는 것을 설명하는 법칙입니다. 자극이 강해질수록 자극의 변화를 느끼려면 변화의 차이가 커야 한다는 것이죠. 예를 들어 양초가 1개 켜져 있는 방에 1개를 더 켜면 방이 환해졌다고 느낍니다. 그런데 양초 100개가 켜져 있는 방에 1개를 더 켜면 아무런 차이를 느끼지 못합니다. 이처럼 외부 자극의 강도에 따라 인간이 받아들이는 감각이 상대적으로 달라진다고 설명하는 것이 '베버-페히너의 법칙'입니다.

돈을 쓸 때도 이 법칙은 적용됩니다. 특히 이 현상은 우리가 큰돈을 쓸 때 자주 나타나 돈을 쉽게 지출하게 만듭니다. 우리를 부자가 되지 못하게 막는 큰 걸림돌이지요. 이런 지출을 막고 싶다면 바로 결정하기보다는 최소한 며칠은 기다렸다가 구매 여부를 다시 생각해야 합니다. 특히 큰돈을 쓴 뒤에는 금전 감각이 사라지기 쉬우므로 그와 관련한 지출은 무조건 며칠 뒤로 미뤄야 합니다. 며칠만 지나도 새로운 지출에 대해 냉정하게 판단할 수 있게 됩니다.

당장 생활비도 빠듯하여 아이를 위한 투자금까지 만들 여력이 없는 경우도 많습니다. 어쩔 수 없이 각종 지원금과 축하금을 생활비로 쓰는 가정이라 하더라도 아동수당만큼은 모아서 투자하시길 권합니다. 아동수당은 아이가 초등학교 2학년이 될 때까지 정부에서 매달 10만 원을 지원해 주는 돈입니다. 한 달에 10만 원이니 생활비에 섞이면 티도 안 나게 사라질 금액입니다. 그러니 이 돈만큼은 반드시 아이를 위해 따로 모아 투자하시기 바랍니다.

96개월 동안 10만 원씩 받으므로 총 원금은 960만 원입니다. 이 돈을 차곡차곡 저축하고 연 7.2%의 수익률로 굴리면 아이가 20살이 될 때는 2,966만 원이 되고, 25세에는 4,200만 원, 35세에는 5,945만 원이 됩니다. 월 10만 원을 모아 마련한 금액이라는 것을 생각하면 결코 작지 않은 액수입니다. 학자금이든 미래를 위한 준비든 유용하게 쓸 수 있을 액수이기도 합니다.

아이 돈은 처음부터
아이 계좌에 넣어주세요

아이 돈은 처음부터 따로 관리해야 하고 별도의 계좌를 마련해 넣어주셔야 한다고 말씀드린 바 있습니다. 아이가 가족과 친척들에게 받는 세뱃돈과 용돈은 곧바로 아이 통장에 넣어주세요. '엄마가 잠깐 보관할게' 하는 순간 그 돈을 온전히 모으기 힘들어집니다. 일단 생활비에 섞여 들어가면 손에 쥔 모래알이 스르르 빠져나가듯 그 돈은 언제 쓴 줄도 모르게 사라지기 때문입니다.

아이 명의의 계좌를 개설하기 어려운 상황이거나 부모가 적극적으로 관리를 할 예정이라고 해도 부모 명의 계좌를 별도로 만들어 아이 자금을 관리하고, 엑셀 등으로 액수를 정리해둬야 합니다. 그렇게 해야 아이가 돈에 대한 인식이 생겼을 때 자신에게 당장은 쓸 수 없지만 성인이 되면 목돈으로 받을 수 있는 '자기 돈'이 있다는 것을 알게 되고, 그것을 기반으로 미래에 대한 꿈이나 계획을 그릴 수 있습니다. 요즘 초등학교 고학년만 되어도 세뱃돈을 받으면 자기가 쓰겠다고 하는 아이가 많습니다. 또한, 돈의 크고 작음을 알지 못해 친구들이 사용하는 고가의 전자제품이나 의류를 사달라고 조르기도 합니다. 그런 아이라 하더라도 본인 명의의 계좌에서 돈이 불어나는 모습을 확인할 수 있다면 세뱃돈이나 용돈을 부모에게 믿고 맡길 수 있겠죠. 어떻게 투자되고 있는지, 특정 기간 동안 이자나 수익이 얼마나 불어나는지를 알려주면 자연스레 금융교육이 되기도 합니다.

그렇다면 우리 아이 통장으로는 어떤 게 좋을까요? 그리고 어디서 개설하는 게 좋을까요? 이제부터 하나씩 알아보겠습니다.

3장

계좌를
어디에 만들까요?

어린이 예적금 통장은
어떤가요?

아이 통장을 만든다고 할 때 대부분의 부모가 가장 먼저 고려하는 것은 은행의 예적금 통장입니다. 그중에서도 다양한 혜택을 준다는 마케팅 문구가 붙은 아이용 통장 상품이 눈에 띌 것입니다. 은행 지점에 방문하거나 스마트폰 은행 앱으로 접속해 보면 다양한 자녀용 예적금 상품에 대한 홍보물을 볼 수 있습니다. 자녀용 상품의 경우 우대금리와 경품 등을 준다는 내용이 많은데 관련 기사를 통해 실제로 어떤지 살펴보겠습니다.

"KB국민·신한·하나·우리·NH농협은행 등 5대 시중은행에서는 만 18

세 이하를 대상으로 내놓은 자녀용 적금 상품을 통해 연 3~4%대 고금리를 제공한다. ○○은행의 '□□ 주니어 적금' 금리는 최고 연 4.45%로 자녀용 적금 중 가장 높은 수준이다. 적금 가입 기간에 주택청약종합저축을 유지하거나 ○○은행 입출금통장을 자동이체 계좌로 연결하면 우대금리를 제공받는다." (출처: 은행 우대상품 속속 '세뱃돈 맡기세요', 매일경제, 2023.1.24)

기사에 나온 여러 은행의 상품 중 '□□ 주니어 적금' 상품의 약관을 살펴보았습니다. 해당 적금은 납입 한도가 분기당 100만 원, 연간 400만 원까지 납입이 가능합니다. 이 상품의 금리는 온라인 가입

그림 3 〉〉〉 ○○은행 '□□ 주니어 적금' 상품 홈페이지 공시 내용(2023.1.26 기준)

※ 매 계약기간 별 다음 우대 요건의 충족 여부에 따라 최고 연 1.00% 우대
※ 계약기간 만기 전 중도해지한 계좌에 대해서는 적용하지 않습니다. 우대이자율은 만기해지 계좌에만 적용됩니다.

우대이자율	우대 요건
① 주택청약종합 저축우대 연 0.50%	본인 명의의 신한은행 주택청약종합저축을 계약기간 만기일까지 보유하고 있는 경우
② 자동이체우대 연 0.50%	이 적금에 신한은행 입출금통장에서 자동이체를 통한 입금이 6회 이상일 경우
③ 아동수당 우대 연 0.30%	만기일 해당월의 전전월까지 본인 명의의 신한은행 계좌로 (장애)아동수당 수급한 적이 있는 경우
④ 체크카드 결제실적우대 연 0.30%	만기일 해당월의 전전월까지 본인 명의의 신한 체크카드 결제 실적이 있는 경우
⑤ 재예치우대 최대 연 0.10%	재예치가 이루어진 계좌의 경우, 최대 연 0.1% 우대 (여러 번 재예치 하더라도 최대 연 0.1% 적용)
기본이자율 + 우대이자율	

시 세전 3.45~4.45%입니다(2023년 1월 기준). 받을 수 있는 금리가 1%나 차이 나는 이유는 우대조건을 맞춰야 최대 금리를 받을 수 있기 때문입니다. 이 상품의 우대조건은 주택청약종합저축에 가입하거나, 자동이체를 6회 이상 하거나, 아동수당을 이 통장으로 받는 경우 등이 있네요.

같은 은행의 다른 적금 상품인 '○○ △△ 적금'과 비교해 보겠습니다. 누구나 가입할 수 있는 이 적금의 금리는 3.35~4.65%로 우대금리가 최대 1.3%입니다. 우대조건은 소득이체, 카드이용, 오픈뱅킹 등이 있습니다. 만약 부모가 △△ 적금에 가입해 우대조건을 만족시켰다면 4.65%의 금리를 받을 수 있습니다. '□□ 주니어 적금'의 최대금리인 4.45%보다 0.2%포인트 높은 이자를 받을 수 있습니다.

이처럼 어린이용 상품이라고 해서 무조건 더 좋은 조건은 아닐 수 있으니 반드시 확인할 필요가 있습니다. 더 중요한 부분은 예적금만으로는 우리 아이 돈을 불리기에는 한계가 있다는 점입니다. 바로 실질금리 때문인데요. 이것에 대해서 알아보겠습니다.

잠깐만요

아이 명의 청약통장은 언제 가입하는 게 좋나요?

아이 이름으로 청약통장에 미리 가입해 두면 좋지 않으냐고 묻는 분들이 많습니다. 청약통장이 왜 필요하고, 언제 가입하면 되는지 알아보겠습니다.

주택 청약이란 내가 주택을 계약하겠다고 의사 표시를 하는 행위를 뜻합니다. 청약한 사람을 대상으로 추첨을 통해 주택 구매 기회를 주는 것이죠. 청약에 당첨되면 아파트를 최초 분양가로 구입할 수 있기 때문에, 아파트 가격이 상승하는 시점에는 기존 주택을 사는 것보다 저렴하게 내 집을 마련할 수 있습니다. 항상 청약이 유리한 것은 아닙니다. 아파트 가격이 하락하는 시기에는 오히려 불리할 수도 있으니 잘 따져보아야 합니다.

청약할 때 가장 기본이 되는 것이 청약통장입니다. 청약통장의 정식 명칭은 '주택청약종합저축'으로 적금 형식 또는 일시 예치식으로 납부할 수 있으며 민영주택 및 국민주택을 공급받기 위하여 가입하는 저축상품입니다. 청약통장은 주택 보유 여부와 관계없이 누구나 1인 1계좌를 개설할 수 있습니다. 매달 2만 원 이상 50만 원 이내에서 자유롭게 납입할 수 있으나 잔액이 1,500만 원 미만인 경우 잔액 1,500만 원까지 일시에 예치하는 것도 가능합니다. 잔액이 1,500만 원 이상이면 월 50만 원 이내에서만 자유

공급받을 수 있는 주택의 전용면적	지역 구분 (단위:만 원)		
	특별시 및 부산광역시	그 밖의 광역시	특별시 및 광역시를 제외한 지역
85m² 이하	300	250	200
102m² 이하	600	400	300
135m² 이하	1,000	700	400
모든 면적	1,500	1,000	500

롭게 적립할 수 있습니다. 청약통장을 개설 후 납입 기간과 납입 금액에 따라 기본적인 청약 자격을 충족할 수 있습니다.

주택공급에 관한 규칙에 따른 민영주택 청약 예치 기준 금액은 지역마다, 주택 면적마다 차이가 있습니다. 주택청약 1순위 조건이 되려면 납입 기간, 납입 횟수, 예치금(납입금)이 모두 충족되어야 합니다. 예를 들어 서울특별시에서 85제곱미터 이하 주택에 청약하려면 청약 통장에 300만 원이 예치되어 있어야 합니다. 투기과열지구나 청약과열지구라면 청약통장에 가입하고 2년 이상 지나야 하고 24회차 이상 납입해야 합니다.

민영주택의 경우 가점제와 추첨제를 진행합니다. 가점제란 순위가 같을 경우 청약통장 가입 기간(17점), 부양가족 수(35점), 무주택 기간(32점)을 기준으로 가점 점수를 산출하는 것입니다. 청약 통장과 관련한 조건은 대부분 만점일 가능성이 높고, 실제 청약에 당첨되는 경우는 나머지 점수에 따라 차별화됩니다. 청약 가능성이 더 높은 경우는 특별공급을 노리는 것입니다. 특별공급에는 신혼부부 특별공급(신혼특공), 생애최초 특별공급, 다자녀 특별공급, 노부모 부양 특별공급, 기관추천 특별공급 등이 있으며 까다로

운 기준을 충족해야 하므로 관심을 갖고 자세히 알아보아야 합니다.

자녀가 성인이 된 후에 서울특별시에서 85제곱미터 이하의 민영주택에 청약하려면 300만 원이 예치되어야 합니다. 24개월 동안 10만 원씩 납입하고 마지막 달에 60만 원을 추가 납입하면 납입기간 2년에 납입 회차 24회, 예치금 300만 원의 최소 조건이 모두 충족됩니다. 성인의 경우 신청한 기간이 길고 납입금이 많을수록 유리하지만, 미성년자의 경우 아무리 오래 전에 가입했더라도 인정되는 상한액이 240만 원(24회차, 2년)입니다. 즉, 너무 일찍 가입하면 오랜 시간 동안 낮은 금리로 돈이 묶이게 됩니다.

청약저축 금리는 2016년 8월부터 6년 3개월간 연 1.8%(2년 이상 예치 기준)로 고정되어 있다가 2022년 11월에 0.3%포인트 올라 2.1%가 되었습니다. 당시 시중은행 적금 금리는 3.6~4.2%였으니 청약통장 가입자는 1.5%포인트 이상 낮은 금리를 받고 있던 것입니다. 과거에는 청약통장이 일반 적금보다 금리가 높아 고금리 통장으로 불리며 인기를 끈 적이 있습니다. 2009년 5월 출시 당시의 청약저축 금리는 연 4.5%로 시중은행 적금 금리 3.0~3.5%에 비해 높았습니다. 이후 시중 금리가 변하면서 청약저축의 인기도 때에 따라 달라졌습니다.

결론을 말하면, 자녀의 청약통장을 부모가 개설해 납입해 주고 싶다면 성인이 되기 2년 전에 만들어도 충분합니다. 그리고 미성년자 자녀 청약통장에는 매월 10만 원씩 납입하는 게 좋습니다. 왜냐하면 공공분양 청약 시 최대로 인정되는 납입액이 10만 원이고, 납입한 액수가 많을수록 당첨 확률이 높아지기 때문입니다.

그리고 '청년 우대형 주책청약통장'도 있으니 알아두면 좋습니다. 이 통장은 기존 주택청약종합저축의 청약 기능과 소득공제 혜택은 동일하면서 재형(재산 형성) 기능을 강화했습니다. 2년 이상 가입 시 기존 주택청약종합종합저축 금리에서 연 1.5%포인트의 우대금리를 더해 3.6% 금리를 제공합니다. 우대금리는 납입 원금 5,000만 원 한도 내에서 신규 가입일로부터 2년 이상인 경우 그리고 가입일로부터 10년 이내 무주택일 때만 적용됩니다. 청년의 주거 안정과 목돈 마련이라는 목적에 맞춰 나온 상품으로 아무나 가입할 수는 없습니다. 만 19~34세로 연 소득 3,600만 원 이하이며, 무주택 세대주(가입 후 3년 내 세대주 예정자와 무주택 세대의 세대원도 가능)만 가입이 가능합니다. 청년 우대형 청약통장은 2023년 12월 31일까지만 가입이 가능합니다. 다만 그 이후에도 정부에서 다양한 방식으로 청년에게 유리한 상품을 제공할 가능성이 있으니 꾸준히 살펴보시기 바랍니다.

안전한 예금,
손해 볼 수 있다고요?

앞서 얘기한 예금금리는 '이름뿐인' 금리입니다. 이를 명목금리라고 합니다. 실제로 돈이 얼마나 불어나는지 확인하려면 '실질금리'를 봐야 합니다. 실질금리는 명목금리에서 물가상승률을 빼면 나옵니다. 거기에 세금도 빼야겠죠? 예금금리에서 이자소득세를 뺀 값인 세후 예금금리를 물가상승률로 빼면 예금의 세후 실질수익률(혹은 실질금리)을 알 수 있습니다. 우리나라 정기예금의 진짜 수익률은 얼마나 될까요?

[그림 4]는 한국은행에서 취합해 공개하는 시중은행 정기예금의 평균 금리와 물가상승률 자료를 이용해 예금금리에서 세금을 뺀 후

그림 4 〉〉〉 **우리나라 은행 예금의 실질 금리 추이(1996.1분기~2022.4분기)**　　〔단위: %〕

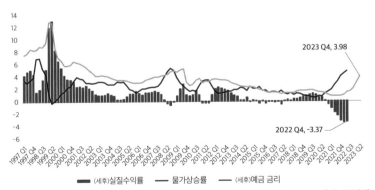

출처: 한국은행

물가상승률만큼 차감하여 계산한 세후 실질수익률입니다. 실질수익률 막대가 아래쪽으로 되어 있는 기간들이 '실질금리 마이너스' 시기입니다. 2021년부터 막대가 아래쪽에 형성된 것을 볼 수 있습니다. 홍길동 씨의 사례를 들어 상세히 설명하겠습니다. 홍 씨는 2021년 4분기에 만기 1년짜리 예금에 100만 원을 넣었습니다. 당시 정기예금금리는 1.67%였습니다. 명목금리 1.67%에서 이자소득세(15.4%)를 차감한 세후 금리는 1.41%입니다. 즉 홍 씨가 1년 후 받은 이자는 1만 4,100원입니다. 이자를 받았으니 수익이 발생했다고 생각하겠지만 사실은 손해를 봤습니다. 이유는 2021년 4분기부터 1년 후인 2022년 4분기까지 물가상승률이 4.78%였기 때문입니다. 물가는 4.78% 올랐는데, 예금 이자 소득이 1.41%밖에 안 올랐으니 실제로는 4.78-1.4=3.37%를 손 본 겁니다. 이를 다르게 표현하면 '홍 씨 예금의 실질수익률은 -3.37%'입니다.

[그림 4]에서 볼 수 있듯 2020년 2분기부터 1년짜리 예금에 가입했던 이들이 이자로 얻은 수익률은 '실질적으로는' 마이너스였습니다. 실질금리 마이너스를 경험한 것이죠. 이런 경우는 과거에도 있었습니다. 대표적으로 2008년 글로벌 금융위기 시기였습니다. 그리고 2011년은 남유럽 국가들의 신용위기 사태가 있던 때였고요. 수십 년 만의 높은 인플레이션으로 인해 최근 2~3년은 실질금리 마이너스 현상이 가장 심했습니다. 2022년 4분기 예금금리는 4.71%였고 세후로는 3.98%입니다. 이 금리는 2008년 4분기(6.19%) 이후

로 14년 만에 가장 높은 금리였습니다. 고금리 예금이라며 많은 분들이 가입했다는 기사가 많았습니다. 하지만 이들이 1년 후에 받게 될 이자로 진짜 수익이 발생할지는 1년 후의 물가상승률에 달려있습니다. 미래의 물가를 예측할 수는 없습니다만, 지금의 고물가 추세가 지속된다면 이들의 실질수익 역시 마이너스가 될 수 있습니다. 실질금리가 플러스였던 1990년대 말에서 2000년대 초반만 해도 예금만으로 돈을 불릴 수 있었습니다. 물가가 오르는 속도보다 금리가 더 높았으니까요. 하지만 앞으로는 그리 만만하지 않아 보입니다.

예금만으로는 돈을 불릴 수 없는 시기를 대비하기 위해 투자라는 대안을 생각해 보아야 합니다. 우선 투자에 대해 제대로 이해하는 것이 필요하겠죠? 투자를 통해 얻을 수 있는 수익을 어느 정도 기대할 수 있는지, 또한 어떤 위험이 있는지에 대해 알아보겠습니다. 용어가 다소 낯설고 어려워도 일단 따라와 보시죠.

4장

투자의 수익과 위험
제대로 알기

투자는
위험하기만 할까요?

흔히 투자는 위험하다는 인식이 있습니다. 하지만 앞에서 말씀드린 것처럼 예금도 실질수익률 관점에서는 안전하지 않고 오히려 손해라는 내용을 기억하셔야 합니다. 안전하다고 믿는 예금 역시 금리라는 명목수익률이 고정된 투자라고 볼 수 있습니다. 하지만 '예금투자'의 실질수익률은 물가상승률에 따라 변동됩니다. 이처럼 수익률이 변동하는 것을 투자에서는 '변동성'이라는 위험지표로 설명합니다.

물가상승률이 높아지면 예금의 실질수익률은 마이너스가 되기도 합니다. 최근 몇 년간 이런 시기가 지속되고 있죠. 이렇게 투자 원금이 마이너스가 될 가능성을 '손실 가능성'이라고 하며, 이 역시 투자의 주요 위험입니다. 예금에도 변동성과 손실 가능성이 있듯이 다른 투자도 같은 위험이 있습니다. 그렇다고 해서 '투자를 하면 위험하니 아무것도 하지 말자'라는 생각은 위험합니다. 가만히 있으면 돈의 실질가치가 떨어져 계속해서 손해를 볼 뿐입니다. 이런 태도는 태만일 수 있습니다. 어떤 위험이 있는지 알고 제대로 관리를 하면 됩니다. 찬찬히 설명하겠습니다.

투자의 사전적 정의는 '이익을 얻기 위하여 주식, 채권 따위를 구입하는 데 자금을 돌리는 일'을 말합니다. 사전에는 '위험'이라는 단어가 명시적으로 표기되지는 않았습니다. 하지만 다들 아시듯이 투자는 위험을 내포하고 있습니다. 투자의 뜻을 구체적으로 표현하면 다음과 같이 정의할 수 있습니다.

"투자란 '①높은 수익'을 얻기 위해 '②위험을 감수'하며

자금을 '③자산에 배분'하는 행위이다."

투자에서 기대할 수 있는 수익률과
워런 버핏의 수익률

먼저 '①높은 수익'이란 어느 정도를 말할까요? 어느 정도 수익이면 만족할 수 있을까요? 사람마다 다 다른 답을 말하겠지만 최소한 예금금리보다는 높아야 할 것입니다. 그리고 물가상승률보다 낮으면 안 되겠지요. 그렇다면 위로는 얼마까지 기대해도 될까요? 진정한 투자의 고수들은 어느 정도 수익이 날까요? 현존하는 세계 최고의 투자자라 불리는 워런 버핏의 사례를 살펴보겠습니다.

전 세계 부자 순위 10위 안에서 '투자자'인 사람은 워런 버핏이 유일합니다. 나머지는 대부분 창업자들입니다. 루이비통, 디올, 티파니 등을 판매하는 세계 1위 명품 소비재 기업 LVMH의 회장 베르나르 아르노가 가장 부자입니다. 그리고 전기차 기업인 테슬라의 일론 머스크가 그다음 1~2위를 다툽니다. 그밖에 아마존의 제프 베이조스, 마이크로소프트의 빌 게이츠, 구글의 래리 페이지 등이 세계 부자 순위 상위에 올라와 있습니다.

버크셔 해서웨이 회장인 워런 버핏은 전 세계 투자 업계에서 가장 유명한 사람이라고 해도 손색이 없는데요. 버핏의 재산은 포브스가 발표한 바에 따르면 2023년 2월 기준으로 135조 원(1,074억 달러)입니다. 우리나라에서 가장 돈이 많은 삼성전자 이재용 회장이나 카카오 김범수 의장의 재산(9~10조 원)에 비해서도 상당히 많습니다.

버핏의 투자 수익률은 얼마나 될까요? 버핏의 투자 성과는 그의 재산이 대부분 투자되어 있는 기업인 버크셔의 주가로 계산합니다. 1965년부터 2022년까지 58년간 버크셔의 수익률은 연간 20%로, 미국 주식 시장(S&P500 TR)의 수익률(9.9%)보다 10.0%포인트 넘게 높은 성과를 보였습니다. 연 20%의 수익률이 별로 높아 보이지 않나요? 간단한 예시를 들겠습니다. 58년 동안 연평균 수익률 20%를 달성하면, 투자금 1,000만 원이 3,778억 원이 됩니다. 엄청나게 높은 수익률이죠.

일반인인 우리는 어느 정도 수익을 기대해야 할까요? 버핏만큼 벌면 좋겠다고 생각할 수 있지만, 우리는 버핏을 따라할 수조차 없습니다. 버핏은 6살 때부터 껌을 팔아서 돈을 벌었습니다. 9살 때는 코카콜라를 팔고, 신문배달을 하고, 잡지도 팔았습니다. 중고 골프공도 팔고 미식축구 경기장에서 땅콩과 팝콘도 팔았죠. 버핏은 10살에 복리의 원리를 이해하고 11살에 처음으로 주식을 매수했습니다. 17살에는 회사를 설립하고 핀볼 기계 사업을 했습니다. 버핏은 10대 때 이미 투자와 사업을 병행하며 돈을 모으고 경험을 쌓았습니다. 버핏은 20살에 1만 달러를 모았고 30살에 100만 달러로 불렸으며, 35살이 된 1965년에는 3,700만 달러를 소유해 미국 내 최고 부자 반열에 올라섰습니다. 1930년생인 버핏은 2023년 현재 93세의 나이로 여전히 버크셔를 이끌며 왕성하게 투자활동을 하고 있습니다.

버핏의 순자산 중 99%는 그의 나이 65세 이후에 축적된 것이라고 합니다. 우리는 대부분 버핏과 같은 능력을 갖기도 어려울뿐더러, 그의 투자 비법을 알더라도 그렇게 실천하지 못합니다. 설사 그대로 따라한다고 하더라도 버핏과 같은 성과가 나올 거라고 기대하기는 쉽지 않습니다. 따라서 일반인이 기대하기에 적절한 수익률은 5~10% 수준입니다. 이런 수익률이 실제로 가능한지 궁금하실 텐데 충분히 가능합니다. 이런 수익률을 거둘 수 있는 근거와 방법에 대해서는 다음 장에서 설명하겠습니다.

어떤 위험이 있는지 알아야 대처할 수 있어요

투자의 정의에서 두 번째로 '②위험을 감수'해야 한다고 했는데요. '우리 아이를 위한 돈인데 절대 위험하면 안 된다'라고 대부분의 부모가 생각할 것입니다. 그래서 원금 손실이 없도록 은행에 통장을 만들고 예금이나 적금을 하죠. 그런데 앞서 예금도 실질수익률 관점에서는 손실 위험이 있다고 말씀드렸죠? 따라서 예금이든 투자든 위험하지 않은 건 없다고 생각하고 대처해야 됩니다. 위험에 처하지 않기 위해서는 먼저 어떤 위험이 있는지 구체적으로 알아야 합니다. 제대로 알아야 대처할 방법도 생기기 때문입니다.

금융 투자에서는 위험을 측정하기 위해 몇 가지 지표를 사용합니다. 우선 '손실 가능성'에 대해 알아보면, 내가 한 투자가 '얼마나 많이' 손실 날 수 있는지 혹은 '얼마나 오래' 손실이 지속될 수 있는지를 봅니다. 앞의 것을 '최대 낙폭'이라 하고 뒤의 것을 '손실 최장기

그림 5 〉〉〉 **3개 위험지표(변동성, 최대낙폭, 손실최장기간) 비교**

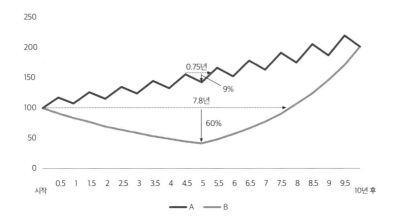

	기간수익률	연수익률	연변동성	최대낙폭	손실최장기간
A	100%	7.2%	19%	9%	0.75
B	100%	7.2%	19%	60%	7.8

간'이라고 합니다.

내 투자금의 잔고가 매일매일 변화하는 것 역시 투자자 입장에서 위험이라고 보고 이를 '변동성'이라고 표현합니다. 이 3개의 위험 지표를 검토해 보면 내가 하려고 하는 투자가 얼마나 위험한지를 가늠해 볼 수 있습니다.

[그림 5]는 투자자 A와 B의 가상의 성과를 그려본 것인데 둘 다 동일하게 10년간 누적 100%의 수익을 거뒀다고 가정했습니다(연단위 수익률은 7.2%입니다). 투자의 변동성은 보통 일별 수익률의 표준

편차로 계산하는데 A와 B의 변동성은 19%로 동일합니다. 이는 수익률이 평균 대비해서 하루하루 오르고 내리는 수준(편차)이 같다는 의미입니다. 동일한 수익률과 변동성을 보이지만 눈으로도 확인되듯이 A와 B의 투자 궤적은 확연히 다릅니다. A는 하락도 작게 하고 금방 회복하지만 B는 굉장히 많이 하락한 후에야 회복하는 모습을 보입니다. 이를 수치로 확인해볼 수 있는 것이 최대 낙폭과 손실 최장기간입니다.

최대 낙폭이란 전고점 대비 하락폭 중 가장 큰 값을 말하는데 0에서 100%까지의 값을 갖습니다. 예를 들어 최대 낙폭이 50%라고 하면 직전 고점 대비 투자금액이 50%가 손실 났다는 것이고, 100%라면 원금을 모두 잃은 것입니다. 예를 들어 투자 금액이 1억 원일 때 50% 손실이면 5천만 원을 잃게 됩니다. 2022년 3인가구 기준 중위소득이 연 5,034만 원(월 419만 원)이니 얼마나 큰 금액을 잃게 되는지 알 수 있습니다. 그 정도 금액이 손실 나도 발 뻗고 잘 수 있을까요? 최대 낙폭이 얼마나 발생할 수 있는지를 사전에 검토해봐야 하는 이유가 그것입니다. [그림 5]의 사례를 보면 투자자 A의 최대 낙폭은 9%로, B의 60%에 비해 상대적으로 매우 양호합니다. 다시 말해 최대 낙폭 관점에서는 B보다 A의 투자가 더 안전한 것입니다. 수익률이나 변동성이 비슷한 수준이라면 최대 낙폭이 작은 투자방식을 선택하는 게 유리합니다.

손실 최장기간은 투자 기간 중 손실이 발생한 시점에서 직전 원금을 회복하기까지 소요되는 기간을 말합니다. 10%만 손실이 나도 마이너스가 발생한 계좌를 보면 스트레스를 받지 않을 수 없습니다. 또한 자기가 하고 있는 투자에 대해 자신감이 없어지기도 합니다. 내 계좌가 마이너스인 상태로 1년을 지낸다고 생각해 보면 알 수 있습니다. 과연 그 투자 방법을 지속해서 할 수 있을까요? 대부분은 버티기 힘들죠. 내 마음, 즉 심리가 버티지 못한다면 그런 투자는 실천하기 어려운, 내게 맞지 않는 투자법입니다. 그래서 손실 최장기간을 검토해보는 것이 중요합니다. [그림 5]에서 투자자 A의 손실 최장기간은 0.75년으로 1년이 채 되지 않지만, B는 무려 7.8년이나 됩니다. 그 긴 시간을 마이너스인 계좌를 보며 버텨야 되는데 평범한 사람들에겐 거의 불가능하다고 봐야 합니다. 대부분 하락 시기에 매도해버리고 다시는 투자를 하지 않으려 하죠.

투자에서 위험을 어떻게 측정하는지 살펴보았으니, 투자를 위험에 빠뜨리는 지뢰들을 살펴보겠습니다. 지뢰를 잘 피해야 목적지까지 안전하게 갈 수 있으니까요.

5장

투자를 망치는
선입관 바로잡기

오해 1
우량주에 장기 투자하라

주식투자를 하지 않는 분이더라도 '우량주를 사모아라', '대장주는 망하지 않는다'와 같은 말은 들어봤을 겁니다. 사전에서는 우량주를 "수익과 배당이 높은 일류 회사의 주식"이라고 정의합니다. 주가 상승에 따른 높은 수익과 높은 배당은 주식에 투자한 모든 이들이 보상으로 받고 싶은 결과죠. 그런 보상을 안겨줄 투자 대상으로 '일류 회사'의 주식을 사라는 말입니다. 그런데 일류 회사는 어떤 회사를 말하는 걸까요? 소개팅 주선자가 얘기하는 '괜찮은 사람'이라는 말만큼이나 모호한 표현입니다.

우량주, 대장주라고 얘기하는 종목들은 주로 기업의 규모가 크고 주식 시장에서 시가총액이 큽니다. 2022년 1월 1일 기준 글로벌 시가총액 상위 기업은 애플, 마이크로소프트, 알파벳(구글), 아람코(사우디아라비아 국영 에너지기업), 아마존, 테슬라, 메타(페이스북), 엔비디아, 버크셔 해서웨이, TSMC(대만)의 순서였습니다. 대부분 주변에서 흔히 접할 수 있고 자주 사용하는 친숙한 기업들입니다. 우리는 애플의 스마트폰을 사용하고, 엔비디아의 그래픽카드가 설치된 컴퓨터를 사용하며 그 컴퓨터 운영체제는 마이크로소프트의 윈도우10입니다. 인터넷에서 검색을 할 때는 구글을 사용하고, 페이스북에서 사람들과 교류하곤 합니다. 테슬라의 전기차를 타는 경우도 있죠. 언론이나 주위에서 이 기업들에 과거에 투자했다면 좋은 성과가 났다고 하니 앞으로의 성과도 좋을 것이라고 생각하게 됩니다. 하지만 회사가 좋아 보이는 것과 내 투자 성과가 좋아지는 것은 다른 경우가 많습니다. 2022년 초에 이런 회사들에 투자했다면 어떤 결과가 나왔을까요? 2022년 연초 대비 연말 성과는 애플 -28%, 마이크로소프트 -28%, 알파벳(구글) -39%, 테슬라 -69%, 메타(페이스북) -64%, 엔비디아 -51%였습니다. 무턱대고 주식을 매수하면 아무리 좋은 기업이라 해도 이런 손실이 발생할 수 있습니다.

1년이 아니라 오랜 기간 투자했으면 결과가 달라질 수 있습니다. 우리나라에서 대장주로는 삼성전자가 첫손에 꼽힐 겁니다. 삼성전자가 국내 시가총액 1위를 한 것은 2007년부터였고, 현재까지 줄곧 그 자리를 놓치지 않고 있습니다. 2007년 초에 삼성전자를 매수해

2022년까지 들고 있었다면 수익률이 얼마나 될까요? 누적수익률은 486%였고, 이는 16년간 매년 11.7%의 수익을 낸 것과 같습니다. 엄청나네요. 그럼 시가총액 상위 기업만 매수하면 다 이런 수익이 나올까요? 2007년 글로벌 시총 상위 10개 기업은 엑손모빌, GE, 마이크로소프트, 셸(영국), AT&T, 씨티그룹, 가스프롬(러시아), BP(영국), 도요타자동차(일본), 뱅크오브아메리카 순이었습니다. 이런 글로벌 대장주에 장기 투자했어도 삼성전자처럼 큰 수익이 났을까요? 이 회사들의 2007년부터 2022년까지의 연환산 수익률을 살펴보면, 엑손모빌 6.2%, GE −4.6%, 마이크로소프트 16.0%, 셸(영국) 7.5%, AT&T 2.9%, 씨티그룹 −12.9%, 가스프롬(러시아) 2.1%, BP(영국) 4.7%, 도요타자동차(일본) 3.4%, 뱅크오브아메리카 −1.0%였습니다. 상위 10개 기업 중에 3곳은 마이너스 성과를 보였습니다. 그리고 나머지 기업 중에 미국 주가지수(S&P500 TR)의 성과인 연 8.5%보다 높은 수익을 낸 곳은 마이크로소프트가 유일합니다. 운이 좋아서 삼성전자나 마이크로소프트 같은 기업을 골라내지 못했다면 단순히 주가지수에 투자한 것보다도 못한 결과가 나왔다는 것이죠. 오히려 손실이 난 경우도 있었고요.

따라서 우량주에 장기 투자하라는 말은 사후 확신 편향일 가능성이 높습니다. 사후 확신 편향(혹은 후견지명)이란 일어난 일에 대해 원래 모두 알고 있었다는 듯이 말하거나 생각하는 것을 뜻합니다. 일이 발생한 이후에 '내가 그럴 줄 알았어'와 같이 말하는 것이죠.

'노후 생활비 걱정 덜어주는 고배당주 투자', '통장에 따박따박 배당주가 안전띠'. 배당주에 관심을 가져본 분들이라면 이런 기사 제목을 본 적이 있을 겁니다. 하지만 실제로 배당주나 배당주 관련 상품(펀드 혹은 ETF)에 투자를 해보면 별로 안전하지 않다는 것을 알게 됩니다. 국내에 나와 있는 배당주 ETF나 펀드의 움직임을 분석하면 한국 주식 시장(코스피)과 비슷하게 움직입니다. 시장이 상승할 때 같이 오르고 시장이 하락하면 배당주 상품도 같이 하락하는 것이죠. 따라서 안전하다고 표현하기 어렵습니다.

실제 배당 관련 상품을 통해 확인해보겠습니다. 배당주도 성과가 천차만별이라 개별 주식(기업) 단위로 분석하기는 애매한데요, 흥미롭게도 배당을 많이 주는 주식만 골라서 투자하는 ETF 상품이 있습니다. 운용 기간도 길고, ETF가 추종하는 지수도 어떤 식으로 관리하는지 명확히 표시하고 있으니 분석할 수 있겠습니다. 운용 자금이 크고 운용 기간이 오래된 대표적인 배당 ETF로는 ARIRANG 고배당주, KBSTAR 고배당, KODEX 고배당 등이 있습니다. ETF 이름에 모두 '고배당'이 들어가 비슷해 보이지만 각 상품이 추종하는 지수는 다릅니다. 각각 FnGuide 고배당주 지수, FnGuide 고배당포커스 지수, FnGuide 고배당 Plus 지수를 추종하는데, 지수를 만드는 방법은 이렇게 설명되어 있습니다. FnGuide 고배당주 지수는 예상 배당수익률이 높은 30종목으로 구성되어 있습니다(동일가중 편입비중을 종목별 배당수익률 Tiliting Score를 이용하여 최종 편입비중을 산출하는 지수입니다). FnGuide 고배당포커스 지수는 MKF500 종목 중 전년도 결산 기준 현금배당을 한 종목을 선별하고, 현금배당수익률 상위 80위 이내의 종목을 우선적으로 편입하는 배당총액가중 방식의 지수입니다. FnGuide 고배당 Plus 지수는 유가증권시장에 상장된 기업 중 전년도 배당수익률과 변동성 지표를 이용하여 편입 종목을 결정합니다. 배당수익률이 기초 유니버스의 상위 30%이며, 변동성이 낮은 안정적인 종목으로 약 50개의 종목을 지수에 편입합니다.

고배당주 ETF의 배당 내역을 다음 페이지의 [표 4]를 통해 살펴보겠습니다. 매년 4월 말 기준 직전 1년의 배당금을 누적한 연간 배당금을 보면 꾸준히 배당한다는 점을 알 수 있습니다. 또한 배당률은 평균 3.6~5.3%로, 비교지표로 삼은 KODEX200의 배당률 2.1%보다 약 2배 높습니다. 이런 정보를 보면, 배당률이 높으니 좋다고 생각할 수 있습니다. 하지만 실제 투자 수익은 배당 수익과 매매 차익(주간 변동)을 더해서 나옵니다. [그림 6]은 2018년 1월 말부터 2023년 4월 말까지 배당(분배금)이 반영된 수정종가를 기준으로 고배당주 ETF들의 누적 성과를 그린 것인데, 고배당주 ETF들의 움직임이 상당히 유사하다는 것을 알 수 있습니다. 지난 5년 3개월간의 성과를 보면 ARIRANG 고배당주, KBSTAR 고배당, KODEX 고배

표 4 〉〉〉 **고배당주 ETF의 배당 내역(2019.4~2023.4)**

	연간 배당금(원)				배당률			
	ARIRANG 고배당주	KBSTAR 고배당	KODEX 고배당	KODEX 200	ARIRANG 고배당주	KBSTAR 고배당	KODEX 고배당	KODEX 200
2019. 04.30	530	277	375	610	4.3%	2.7%	4.2%	2.1%
2020. 04.30	470	300	290	605	5.4%	3.7%	4.3%	2.3%
2021. 04.30	590	440	440	825	4.8%	3.5%	4.4%	2.0%
2022. 04.30	680	460	490	700	5.4%	3.7%	4.8%	2.0%
2023. 04.30	730	500	539	695	6.4%	4.4%	6.1%	2.1%
평균	600	395	427	687	5.3%	3.6%	4.8%	2.1%

그림 6 〉〉〉 **고배당주 ETF의 누적 성과(2018.1~2023.4)**

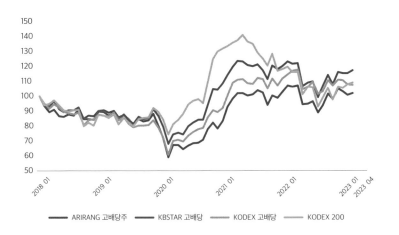

━ ARIRANG 고배당주   ━ KBSTAR 고배당   ━ KODEX 고배당   ━ KODEX 200

당의 연 수익률은 각각 0.4%, 3.1%, 1.4%로 KODEX 200 수익률 (1.7%)보다 좋기도 하고 나쁘기도 합니다. 평균 배당률이 5.3%, 4.8%로 높아서 좋아 보였던 ARIRANG 고배당주, KODEX 고배당 의 연 수익률을 반영한 실제 성과는 KODEX200보다 연 −1.3%포 인트, −0.3%포인트 떨어집니다. 참고로 고배당 ETF의 운용보수는 지수 ETF보다 비싼 편인데, ARIRANG 고배당주, KBSTAR 고배당, KODEX 고배당의 운용보수는 각각 0.23%, 0.2%, 0.3%로 KODEX 200(0.15%)보다 높습니다. 코스피200 지수에 투자하는 KOSEF200 TR의 경우 보수가 0.012%로, 고배당 ETF들의 20분의 1 수준입니 다. 장기적인 성과에서 차이를 보이는 요인 중 하나가 보수 비용이 기 때문에 언제나 비용을 체크해야 합니다.

주가가 떨어지더라도 배당이 꼬박꼬박 나오니까 이를 이용해 생 활비에 쓰겠다는 얘기도 있는데요. 배당금은 생각보다 꾸준하지 않 은 경우가 많습니다. 고배당주로 유명했던 에쓰오일의 경우 2020년 7월에 중간배당을 포기하기도 했습니다. 배당을 하지 않은 건 13년 만의 일이었는데 당시 발생한 대규모 적자 때문이었습니다. 강제로 배당을 축소하는 사례도 있습니다. 2021년 초 금융위원회가 은행, 금융 지주사에게 배당을 순이익의 20% 이내로 축소하라는 권고를 내리기도 했습니다. 배당을 꾸준히 한다고 안전한 기업이라는 인식 도 주의해야 합니다. 지금은 사라진 리먼 브러더스는 파산 몇 주 전 인 2008년 8월에도 배당을 지급했습니다.

테마주란 특정한 사건이나 현상이 발생과 연동해 시세가 움직이는 주식 종목군을 말합니다. 최근에는 2차전지, 전기차, 5G, 메타버스, 기후변화, ESG 같은 테마가 인기를 끌었습니다. 테마주는 단기간에 상당한 수익을 낼 수 있다는 장점 때문에 많이 알려져 있습니다. 하지만 사고 파는 타이밍이 굉장히 중요합니다. 시장의 수요공급이 받쳐주지 않거나 해당 테마에 투자하는 이들의 관심이 다른 테마로 넘어가면 상당한 손실을 볼 수 있어 위험합니다. 테마별로 주식을 묶은 투자 상품들도 많이 나와 투자자들의 관심을 끌고는 하지만 실제 투자 성과는 생각처럼 좋지는 않습니다.

몇 년에 한 번씩 부각되는 테마 중 하나가 정치테마주입니다. 정치테마주란 기업의 경영진 또는 지배주주가 학연, 지연, 혈연 등으로 선거 후보와 관련이 있다고 여겨지면서 주가가 급등락하는 종목을 말합니다. 정치테마주 현상은 과거 대통령 선거 사례를 보면 결국 선거일이 가까워지면서 주가가 하락하는 경향을 보였습니다. 16대 때는 노무현 후보의 '충청권 수도 이전 계획' 공약에 충청권에 연고를 둔 기업이, 17대 때는 이명박 후보의 '4대강 사업' 테마주로 각종 건설관련주가 들썩였습니다. 18대는 박근혜 후보의 친동생이 최대주주로 있는 기업이, 19대에도 학연, 지연, 혈연 등 인맥으로 테마주가 형성됐습니다. 20대 선거에서 지지율이 가장 높았던 윤석열, 이재명 두 후보의 정치테마주로 언론에서 언급됐던 83개 종목을 보면 대통령 후보와 기업 경영진 사이에 공통 지인(44%), 경영진과의 사적 인연(18%), 학연(16%) 등 해당 기업의 사업과는 직접 관련이 없는 매우 막연한 관계가 대다수였습니다.

이런 정치테마주에 투자했다가 큰 손실을 입는 경우도 많았는데요. 19대 대선 당시 반기문 전 유엔 사무총장이 갑작스럽게 불출마 발표를 한 직후, 반기문 테마주 13개 종목이 하한가를 기록했습니다. 하한가란 하루 동안 주식의 가격이 움직일 수 있는 범위를 제한했는데, 그 범위를 꽉 채워 하락했다는 의미입니다. 전무이사가 반전 총장과 친분이 있다고 알려진 성문전자와 반 전 총장의 외조카가 대표인 지엔코 등이 대표적이었습니다. 18대 대선에서도 마찬가지였죠. 안철수 후보가 CEO로 있던 안랩은 1년 전 3만 원대에서 12만 9,300원까지 올랐습니다. 또 다른 테마주 써니전자는 500원대 '동전주'에서 1만 원으로 올랐죠. 그러나 선거를 한 달여 앞두고 안 대표가 불출마를 선언한 뒤 안랩은 74.9%, 써니전자는 90.3% 하락했습니다.

한국거래소에서 19대 대선주자들의 윤곽이 조기에 드러난 2016년 9월부터 11월까지 정치테마주 16개 종목을 분석한 결과, 이 종목들의 주가는 최고가 대비 35% 하락했습니다. 지수 등락과 비교해 고점 대비 최소 6.5%에서 최대 44.6%까지 더 내려간 것이었습니다. 테마주의 주가 변동폭도 평균 130.1%에 달해 매우 컸죠. 이 같은 투기장의 최대 참여자이자 피해자는 단연 개인투자자였습니다. 테마주에 투자한 개인투자자 비중은 97%에 달했는데, 10명 중 7명은 큰 손실을 입었습니다. 20대 대선 정치테마주 역시 관련 후보의 여론조사 지지율 등락이나 정치적 이벤트에 따라 주가가 급등락을 보였습니다. 2021년 연초 대비 962%나 가격이 급등했던 종목도 있었으며 정치테마주로 거론되자마자 가격이 급격히 올랐다가 바로 거래가 정지된 경우도 있습니다.

정치테마주 현상은 금융 당국의 지속적인 단속에도 불구하고 쉽게 사라지지 않습니다. 이런 현상이 반복되는 이유는 투자자의 비이성적 과열과 그에 따른 쏠림 행태의 결과라고 보입니다. 그런데 국제적으로는 한국의 정치테마주 현상과 동일한 사례를 찾기가 힘들다고 하네요. 정치테마주에 편승해 단기간에 고수익을 챙길 수 있다는 비이성적인 과열과 그런 현상을 조장하는 문화가 우리나라에 특이하게 많은 것일까요? 문제는 사기와 작전이 판을 치는 단기 테마 시장에 평범한 개인투자자가 끼어들 자리는 없다는 것이죠. 어설프게 한몫 챙기려다 오히려 큰 손실을 볼 수 있으니 웬만하면 기웃거리지 않는 게 좋습니다.

또 다른 테마주의 사례를 살펴보겠습니다. 2021년 10월 13일, 메타버스 테마 ETF 4종이 상장되었습니다. 이들 종목에 하루 만에 70억 원에 달하는 자금이 몰리며 개인 ETF 순매수 상위 종목에 올랐습니다. 메타버스(Metaverse)는 '가상'을 뜻하는 영어 단어 '메타'(Meta)와 '세계'를 뜻하는 '유니버스'(Universe)의 합성어입니다. 현실 세계와 비슷한 사회, 경제, 문화 활동이 이뤄지는 3차원의 가상세계를 가리키는 용어입니다. 이 ETF들은 상장한지 한 달여 만에 25~49%라는 높은 수익을 보였습니다. 하지만 짧고 강한 상승 이후 지속적으로 하락했고, 상장 이후 2023년 1월 말까지의 누적 성과는 HANARO Fn K-메타버스MZ -27%, KODEX K-메타버스액티브 -21%, KBSTAR iSelect메타버스 -29%, TIGER Fn메타버스 -19%로, 같은 기간 한국 주식(KODEX 200)의 성과(-14%)보다 훨씬 나쁜 결과를 보였습니다. 운이 나빠 고점에 투자를 했다면 -53~-59%의 손실을 보았습니다. 이것은 메타버스 테마만의 일이 아닙니다. 비슷

그림 7 〉〉〉 **메타버스 ETF의 누적 성과(2021.10.13.~2023.1.31.)** 〔시작을 100으로 맞춤〕

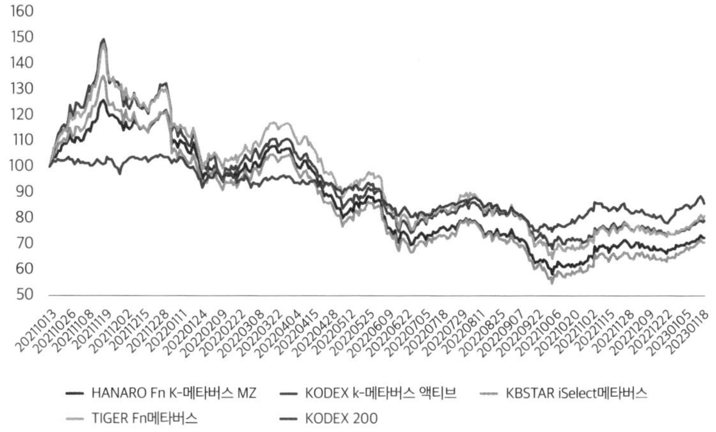

- HANARO Fn K-메타버스 MZ — KODEX k-메타버스 액티브 — KBSTAR iSelect메타버스
- TIGER Fn메타버스 — KODEX 200

한 사례는 굉장히 많습니다. 따라서 투자 초보라면 함부로 테마주에 투자하지 말아야 하겠습니다.

오해 4
미국 주식에 10년 묻어두면 무조건 큰돈 된다

2009년 이후 전 세계 주식 시장에서 가장 수익이 좋았던 곳은 미국이었습니다. 그 덕분에 많은 이들이 해외투자에 관심을 갖게 되었고 미국주식을 사기 시작했지요. 미국주식 투자자가 얼마나 많았는지 '서학개미'라는 용어가 생길 정도였습니다. 문제는 오직 미국만이 투자에 좋은 지역이라고 생각하게 됐다는 점입니다. 최근에 발생한 주가 움직임 때문에 최근성 편향이 생긴 케이스입니다.

최근성 편향은 오래된 과거에 발생한 사건보다 최근의 일이 더 잘 기억되고 판단에 많은 영향을 미치는 현상입니다. 최근성 편향은 주식 시장이 활황일 때 많이 보입니다. 많은 투자자는 시장 상황이 정점에 있는 동안 이 상황이 영원히 계속되어 막대한 수익을 달성하게 할 것이라고 꿈에 부풀곤 합니다. 이들은 하락장이 나타날 수도 있다는 사실을 간과하죠. 투자자들, 특히 단기 기억에 기초하여 투자 의사 결정을 내리는 투자자들은 가까운 과거의 역사가 반복하여 계속 이어지기를 원합니다. 이들은 최근의 경험에서 수집된 정보가 미래의 수익에 반영될 수 있다고 생각하죠. 더욱이 그릇된 자신감을 통해 레버리지나 빚투 등 과도한 투자를 진행하는 오류를 범하기도 합니다. 지난 수년간 미국 주식이 인기를 끌었던 이유가 이것입니다.

반대의 경우에도 최근성 편향이 나타납니다. 주가가 급락하면 투자자들은 주식에서 돈을 빼서 예금 같은 원금 보장 상품을 택합니다. 2022년 말에도 이런 현상이 있었습니다. 1년 내내 하락하는 주식을 보며 지쳐 있던 투자자들은 투자금을 회수해 연 5%에 육박하는 고금리 예금으로 눈을 돌렸죠. 이는 비 온 뒤 하늘이 개기 시작할 때 우산을 사는 것과 마찬가지입니다. 인간의 뇌는 최신 정보와 충격적인 정보에 더 큰 영향을 받습니다. 그래서 주가 하락과 금융 위기 등을 겪게 되면 더 큰 위험이 닥칠 것으로 과대평가하게 됩니다. 주식 시장을 장기적으로 관찰하면 급격한 하락 후에 반등하여 상승한 경우가 더 많은데도 거기까진 생각이 미치지 못하는 것이죠. 실제로 작년 말 예금을 했던 이들은 5%의 이자 수익을 얻겠지만, 주식을 그대로 보유하고 있었다면 주가 반등으로 더 큰 수익을 볼 수 있었을 것입니다. 2023년 연초 이후 4월 말까지 한국 주식은 약 13%, 미국 주식은 약 10%가량 상승했습니다.

이런 최근성 편향의 오류에 빠지지 않기 위해서는 더 장기적인 관점을 가져야 합니다. [표 5]에서 볼 수 있듯이 10년 단위로 미국과 신흥국의 성과를 비교해 보면, 지난 9번의 10년 단위 기간 중에

표 5 〉〉〉 **미국과 신흥국 주식의 10년 단위 성과 비교(연환산 수익률 기준)**

구간	승자	상대성과	미국	신흥국
1930년대	신흥국	8.7%포인트	-5.3%	3.4%
1940년대	신흥국	1.1%포인트	3.0%	4.1%
1950년대	미국	7.2%포인트	13.6%	6.4%
1960년대	신흥국	3.7%포인트	4.4%	8.1%
1970년대	신흥국	16.5%포인트	1.6%	18.1%
1980년대	신흥국	3.9%포인트	12.6%	16.5%
1990년대	미국	6.7%포인트	15.3%	8.6%
2000년대	신흥국	10.0%포인트	-2.7%	7.3%
2010년대	미국	10.0%포인트	11.2%	1.2%

미국이 신흥국보다 좋은 성과를 냈던 경우는 단 3번에 불과합니다. 우리 기억에 최근 10년간 미국의 성과가 워낙 좋았기 때문에 미국 투자를 선호하게 된 것이죠.

중요한 것은 최근의 성과가 아니라 내가 투자할 미래의 성과입니다. 최근 10년 동안 미국의 성과가 좋았으니 국내 주식에는 투자하지 않아도 괜찮을까요? 유럽이나 다른 신흥국 시장에는 전혀 관심을 두지 않아도 될까요? 어떻게 투자를 해야 안전하면서도 좋은 성과를 낼 수 있는지 알아보겠습니다.

매년 연말이 되면 연례행사처럼 각 증권사는 내년 증시 전망을 담은 보고서를 발표하고, 언론에서는 이를 취합해 코스피 전망 기사를 냅니다. 많은 개인투자자들은 전문가의 예측이니 잘 맞을 것이라고 기대하고 꼼꼼히 살펴봅니다. 하지만 실제 결과를 분석해 보면 전망이 맞지 않은 경우가 더 많았습니다.

2016년 말 증권사들이 발표한 2017년 코스피 지수는 1900~2273이었습니다. 하지만 2017년 코스피의 움직임은 2026~2556을 기록하며 증권사 전망치보다 10% 상승했습니다. 2018년은 오히려 전망한 것보다 -15% 낮은 모습을 보여줬습니다. 2019년은 -3%가량 낮아지긴 했지만 비슷한 수준이었습니다. 2020년은 중앙값은 비슷했으나 폭은 상당한 차이가 있어 하단은 전망치(1900)보다 24%나 낮은 1439였고, 상단은 전망치(2500)보다 15% 높은 2873이었습니다. 2021년은 전망치보다 23% 높게 나왔고, 2022년은 16% 낮았습니다. 2023년은 4월 말까지만 보면 전망치와 실제 코스피가 비슷한 수준입니다. 하지만 2022년 말 대부분의 증권사는 2023년 증시를 '상저하고'로 예상했습니다. 상저하고란 주가가 상반기에는 안 좋다가 하반기에 높아진다는 의미입니다. 증권사들이 상저하고로 예상한 이유는 다양합니다. H증권은 "내년 상반기에는 통화 긴축이 경제

전반에 스며들어 코스피가 부진한 흐름을 보일 듯. 하반기에는 긴축 사이클 종료와 기업 실적 회복에 힘입어 지수 수준이 단계적으로 올라갈 것"이라고 예상했습니다. D증권은 "증시는 경기보다 1~2개 분기 앞선 내년 1분기에 바닥을 지날 듯. 2분기 이후 통화정책 완화 기대에 금리와 환율 안정, 전 세계 경기 회복과 반도체 실적 개선 등으로 코스피도 상승 반전할 것"이라고 했고, S증권은 "보통 지수 연저점은 주당순이익(EPS) 추정치가 저점을 형성하기 직전에 옴. 내년 이익 추정치 저점은 2분기 말에서 3분기 초에 형성될 것"이라고 했죠. 그러나 '2023년 상저하고'라는 전망은 적어도 4월까지는 맞지 않는 듯합니다. 연초 이후 큰 변동 없이 16%가량 상승하고 있으니까요. 물론 연말까지 가봐야 끝을 알 수 있을 것입니다.

아래 [표6]에서 볼 수 있듯 숫자들을 가만히 살펴보면 전년도 증시가 상승하면 다음 해의 전망을 높게 잡는 경향이 보입니다. 2018

표 6 》》》 증권사의 코스피 전망과 실제 코스피 움직임

연도	코스피 전망	실제 코스피	차이(중앙값 기준)
2017	1900~2273	2026~2556	10%
2018	2417~2941	1996~2568	-15%
2019	1850~2400	1891~2252	-3%
2020	1900~2500	1439~2873	-2%
2021	2200~2800	2823~3316	23%
2022	2800~3300	2135~2989	-16%
2023(~4월 말)	2103~2679	2219~2582	0%

년과 2022년이 그런 모습인데, 2017년과 2021년의 증시가 상승 분위기로 끝나자 다음 해의 증시 역시 상승한다고 전망했죠. 반대로 증시가 하락했던 2018년에는 그다음 해의 전망도 낮춰 잡았습니다. 2017년과 2020년 전망은 전년도가 횡보 장세여서 그런지 전년과 비슷한 수준으로 다음 해의 전망치를 잡은 듯합니다. 증권사에서 증시를 전망하는 애널리스트나 이코노미스트가 전문가이기는 하지만 그들의 말을 무조건 믿고 투자를 결정하는 것은 위험할 수 있다는 것은 알고 있어야겠습니다.

오해 6
장단기 금리가 역전되면 경기침체 온다

장단기 금리 역전이란 장기 국채 금리가 단기 국채 금리보다 낮아지는 현상을 말합니다. 일반적으로는 장기 금리가 단기 금리보다 높습니다. 은행 예금도 6개월 만기 상품보다 2년 만기 예금의 금리가 더 높지요. 국채도 마찬가지인데, 종종 장기 금리가 단기 금리보다 낮아지는 금리 역전 현상이 발생합니다. 미국의 경우 [그림 8]에서 보듯 1976년 이후 장단기 금리차가 역전되어 마이너스 값을 보이면 그 이후에 경기침체(회색 막대 부분)가 찾아왔습니다. 이런 이유로 장단기 금리 역전을 경기침체의 신호탄이라고 생각하게 된 것이죠.

왜 이런 현상이 일어나는 걸까요? 먼저 간단한 이론을 체크해 보겠습니다.

금리 결정이론에 따르면 장기 금리는 미래 단기 금리 예상치의 평균과 기간 프리미엄의 합으로 계산됩니다. 미래 단기 금리에 대한 예상치에는 향후 통화정책에 대한 시장 참가자의 예상이 반영됩니다. 기간 프리미엄이란 장기 채권을 보유하는 데 따르는 위험에 대한 보상을 의미합니다. 기간 프리미엄은 다양한 요소의 영향을 받는데 그중 물가상승 위험이 가장 중요한 요인으로 알려져 있었습니다. 하지만 최근에는 주요국에서 물가 상황이나 양적완화, 양적긴축 및 안전자산 선호 수준 등에 기인한 채권 수급요인이 기간 프리미엄의 중요 결정 요인으로 부각되고 있습니다. 이런 논의에 따르면 장단기 금리가 역전되는 현상은 크게 두 가지로 구분하여 설명할 수 있어요. 먼저 향후 경기 둔화가 예상되어 기준금리 인하가 기대되면 장기 금리가 낮아져 단기 금리와 역전될 수 있습니다. 다음으로 기준금리 인하가 예상되지 않더라도, 기간 프리미엄이 낮아지거나 음의 값을 갖게 되면 장단기 금리 역전이 발생할 수 있습니다. 아직까지 장단기 금리 역전이 경기침체에 선행하는 원인이 명확하게 밝혀지진 않았습니다. 과거의 현상을 보고 사후적으로 설명하고자 노력하는 상황이라고 보는 게 맞아 보입니다.

명확한 이유는 밝혀지지 않았지만, 과거 수십 년간의 역사에서 장단기 금리 역전 이후에 경기 불황이 발생한 건 사실입니다. 불황은

그림 8 〉〉〉 **미국 국채의 장단기 금리차(1976.6.1.~2023.5.15.)**

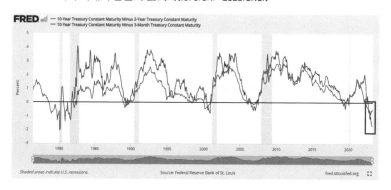

━━ 10년물-3개월물　　━━ 10년물-2년물　　　　출처: 세인트루이스 연준

다른 말로 침체라고 표현합니다. 경기가 침체에 빠지면 내 투자에도 문제가 생길 것이라는 공포가 투자자의 마음을 어지럽히게 됩니다. 더불어 전문가라는 사람들이 언론과 다양한 매체에 나와 경기침체가 올 것이라고 얘기하니 더 불안해집니다. 미래를 점칠 수는 없으나 과거를 돌아볼 순 있습니다. 과연 과거의 장단기 금리 역전과 경기침체, 그리고 투자 자산들은 어떤 관계를 보였을까요?

위의 [그림 8]에서 확인할 수 있듯이 1976년 이후 미국 국채 10년물과 2년물 금리에서 약 6차례의 장단기 금리 역전 현상이 발생했고, 그 이후 경기침체(회색 막대 부분)가 발생했습니다. 최근에는 2022년 4월 1일부터 4일 사이에 있었고, 2022년 7월 6일부터 2023년 5월 중순까지 지속되고 있습니다. 신호가 10개월 넘게 나오고 있으니 경기침체를 당연시하는 분석이 나올 수밖에 없습니다. 신호가 발생했으니 실제 경기침체가 언제 올 것인지 궁금해하는 심리는 당연하겠죠. 개인투자자 입장에서 중요한 것은 이번의 경기침체로 내가 보유한 투자 자산이 얼마나 손실을 입을 수 있는지, 피할 수 있는 시점은 언제인지가 궁금할 것입니다. 막연히 두려워하기 전에 몇 가지 팩트를 체크해볼 필요가 있습니다.

첫 번째 질문. "장단기 금리차를 볼 때 어떤 금리를 보는 게 맞을까?"

[그림 8]에도 두 가지 그래프를 함께 조사했는데, 빨간색 선은 미국 국채 10년물 금리에서 3개월물 금리를 뺀 값이고 회색 선은 10년물에서 2년물을 뺀 값입니다. 산업은행의 보고서('미 장단기금리 역전 현상 점검', 2019.8.19)에 따르면, 시장에서는 10년물과 2년물 금리차를 주목하는 반면 중앙은행은 10년물과 3개월물 금리차에 주목한다고 합니다. 두 가지 금리의 차이를 조회하면 1982년 이후 5차례는 두 지표가 비슷한 시기에 마이너스였습니다. 그런데 2022년 4월 초에 발생했던 경우는 두 지표가 서로 다른 방향이었어요. 10년물과 2년물의 금리차는 마이너스였지만 10년물과 3개월물이 플러스였을 경우 어느 지표가 중요한가에 대한 질문이 나오게 됩니다. 참고로 2023년 5월 현재 지속되는 장단기 금리 역전 현상은 10년물-2년물의 경우 2022년 7월 6일부터 시작됐고, 10년물-3개월물은 2022년 10월 18일부터 시작됐습니다.

처음 질문의 답이 10년물과 2년물의 금리차가 중요하다고 할 수도 있고, 혹은 어느 지표든 둘 다 지금 계속 마이너스이니 현재 상황이 심각한 것 아니냐라고 할 수 있습니다.

이제 두번째 질문이 생겼습니다. "장단기 금리 역전 이후 경기침체가 오기까지 얼마나 걸릴까?"

경기침체(recession)란 일반적으로 '국내총생산(GDP)이 연속으로 2분기 이상 마이너스 성장을 기록하는 경우'라고 정의합니다. 하지만 경기침체를 선언하고 전세계에서 참고하는 자료를 만드는 전미경제연구소(NBER, National Bureau of Economic Research)는 이러한 기준을 따르지 않습니다. 침체에 대한 NBER의 전통적인 정의는 '경제 활동에서 의미 있는 하락이 경제 전반에 걸쳐 퍼져 있고 몇 달 이상 지속되는 상황'을 말합니다. 경제 활동 하락의 깊이, 범위, 지속기간 등 세 가지 기준이 개별적으로 어느 수준 이상 충족되는지를 보지만, 한 기준에서 극단적인 상황이 발생하면 경기침체로 봅니다. 예를 들어, 2020년 2월의 경우, 경제 활동의 감소 폭이 매우 크며 널리 확산됐기 때문에 단기간의 일이더라도 경기침체로 분류했죠. NBER가 경기 하락을 확인하기 위해 사용하는 지표는 실질 개인 소득, 고용, 실질 개인 소비 지출, 도소매판매, 산업 생산 등입니다. 지표별 가중치에 대한 규정은 없으며, NBER가 경기침체에 대한 판정을 내리는 시기는 침체가 시작되고 6~10개월이 지난 후입니다.

시장에서 주목하는 10년물과 2년물의 장단기 금리 역전과 경기침체 진입 시점을 살펴보겠습니다. 1978년 이후 NBER가 발표한 공

표 7 ⟩⟩⟩ **장단기 금리 역전과 경기침체(미국 10년물-2년물 기준)**

장단기 금리 역전	경기침체 진입	소요기간 (역전→침체)	침체 지속기간	원인
1978년 8월	1980년 1월	17	6	2차 오일쇼크
1980년 9월	1981년 7월	10	16	인플레 억제를 위한 고금리 정책
1989년 8월	1990년 7월	11	8	걸프전, 대부조합 사태
2000년 2월	2001년 3월	13	8	닷컴 버블 붕괴, 911 테러
2006년 6월	2007년 12월	18	18	서브프라임 모기지로 인한 신용경색
2019년 8월	2020년 2월	6	2	코로나19

식적인 경기침체는 6차례 있었습니다. 장단기 금리 역전 이후 경기 침체 진입 시점까지 소요된 기간은 평균 13개월이에요. 하지만 장 단기 금리 역전이 나타났으니 13개월 후에 경기침체가 시작될 거라 고 말하기에는 무리가 있습니다. 실제 침체에 진입하기까지의 기간 은 6개월에서 18개월까지 다양하며, 통계적으로 의미가 있다고 말 하기에도 발생 횟수가 너무 작습니다.

NBER가 공식적으로 침체기라고 표명하지 않았던 기간에도 장 단기 금리 역전 현상은 많았습니다. 역전 현상이 1개월 이상 지속된 시기는 1988년 12월부터 1989년 6월까지 6.6개월, 1998년 6월부 터 7월까지 1개월, 2006년 1월부터 3월까지 1.2개월 등입니다(1개 월 미만의 기간들도 많음). 이 기간에 발생한 장단기 금리 역전 현상은 무시해도 되는 것일까요? 누구도 명쾌하게 답변하기 어렵습니다.

NBER의 침체 발표가 실제 침체 시작보다 6개월 이상이 늦어진다는 점도 문제죠. NBER의 침체 선언을 내 투자에 이용하기엔 발표 시기가 많이 늦습니다. 침체 시기가 끝나서 나서 발표가 되기도 하니 말이죠. 장단기 금리 역전 현상을 침체의 신호로 보는 게 맞는가 하는 의문이 들 수밖에 없습니다. 더욱이 이를 이용해 침체 시기를 예측하는 것은 말이 안 되지 않을까요? 최소한 "장단기 국채수익률 역전은 경기침체의 신호탄으로 통한다"는 말은 매번 통하는 말은 아닌 것 같습니다. 그럴 때도 있고 아닐 때도 있으니 말이죠.

장단기 금리 역전이 경기침체 때만 발생한다고 가정해보죠. 신호가 발생하고 13개월(아까 계산한 평균 소요기간) 이후에 침체가 발생했고, 침체가 10개월(경기침체 기간의 평균)간 지속했다고 생각해보겠습니다. 이제 세 번째 질문이 나옵니다. "장단기 금리 역전 이후에 주가가 하락했나?"

다음 페이지 [표 8]에서 경기침체기였던 6번의 장단기 금리 역전 이후의 미국 주가 지수의 움직임을 살펴봤습니다. 역전 이후 경기침체 시작까지 주가가 빠졌던 경우는 세 번입니다. 나머지 절반은 8%, 18%, 20% 상승했죠. 경기침체 시작 이후 침체 종료까지 주가가 하락한 건 세 번으로 -7~-8%의 하락폭을 보였고, 나머지 세 번은 3%, 15%, 23%의 상승을 보였습니다. 역전 이후 침체 종료까지 기간을 보면 주가가 하락한 경우는 2번이고, -15~-16%였으며, 나머지 4차례는 6~47%의 상승을 보였습니다. 최근의 신호가 발생했던 2022년

7월 6일 이후 2023년 5월 15일까지 S&P500 지수는 8% 상승했습니다. [표 9]는 2000년 이후 미국 국채의 장단기 금리 역전 이후 한국, 중국, 인도 주식의 움직임을 보면 2000년 2월을 제외하고는 모두 상승했음을 알 수 있습니다.

많은 이들이 오해하지만, 경기침체를 주가 하락과 동의어로 보기는 어렵습니다. 노벨경제학상을 수상한 폴 크루그먼이 한 말을 기억할 필요가 있습니다. "당신이 경제가 주가에 미치는 영향에 대해 고

표 8 ⟫⟫ 장단기 금리 역전 이후 시기별 S&P500 지수 수익률

	1978년 8월	1980년 9월	1989년 8월	2000년 2월	2006년 6월	2019년 8월
역전 후 침체 시작까지	8%	-7%	-8%	-9%	18%	20%
침체 시작 후 종료까지	3%	-8%	15%	-7%	-8%	23%
역전 후 침체 종료까지	11%	-15%	6%	-16%	9%	47%

표 9 ⟫⟫ 장단기 금리 역전 이후 시기별 한국, 중국, 인도 주식 수익률

	한국 주식			중국 주식			인도 주식		
	2000년 2월	2006년 6월	2019년 8월	2000년 2월	2006년 6월	2019년 8월	2000년 2월	2006년 6월	2019년 8월
역전 후 침체 시작까지	-30%	35%	21%	15%	173%	29%	-17%	40%	5%
침체 시작 후 종료까지	21%	8%	46%	-15%	5%	9%	-20%	21%	39%
역전 후 침체 종료까지	-16%	45%	77%	-3%	188%	42%	-34%	69%	46%

려할 때 세 가지 규칙을 기억하기 바랍니다. 첫째, 주식 시장은 경제가 아닙니다. 둘째, 주식 시장은 경제가 아닙니다. 셋째, 주식 시장은 경제가 아닙니다."('추락하는 경제, 상승하는 주식(Crashing Economy, Rising Stocks, 뉴욕타임즈, 2020.4.30)'에서 인용)

네 번째 질문은 이것입니다. "경기침체기에도 오르는 자산이 있을까?"

장단기 금리 역전을 염려하는 이들의 우려는 나의 투자금이 손실을 보지 않을까 하는 점입니다. 앞서 보았듯 미국 주식은 1980년 9월과 2000년 2월의 장단기 금리 역전 이후 경기침체가 종료될 때까지 각각 -15%, -16% 하락했습니다(물론 나머지 4번의 침체기에는 상승했지만 말이죠). 이런 하락조차도 피하고 싶은 생각이 들 것입니다. 다양한 자산의 성격을 이해하면 손실을 최소화할 수 있습니다.

미국 국채 지수의 경우 장단기 금리 역전이 발생한 후 침체 종료까지 전부 플러스였습니다. [표 10]을 보면 4%에서 21%로, 상승한 정도는 다르나 한 차례도 마이너스가 발생하지 않았죠. 금리 역전 후 침체 시작까지 마이너스가 발생한 건 1980년 -8%로 한 차례였습니다. 침체 시작 후 종료까지 손실은 2019년 한 차례였고요.

투자자마다 호불호가 갈리는 자산인 금의 경우는 어땠을까요? [표 11]에서 확인할 수 있듯이 금 가격의 경우 장단기 금리 역전이 발생한 후 침체 종료 시까지 2차례 마이너스로, 1980년 9월의 경우 -49% 하락했습니다. 나머지 4번은 상승했고, 1978년 8월은 215%,

표 10 >>> **장단기 금리 역전 이후 시기별 미국채 10년물 지수 수익률**

	1978년 8월	1980년 9월	1989년 8월	2000년 2월	2006년 6월	2019년 8월
역전 후 침체 시작까지	3%	-8%	4%	16%	6%	7%
침체 시작 후 종료까지	3%	26%	12%	3%	15%	-3%
역전 후 침체 종료까지	7%	16%	17%	20%	21%	4%

2006년 6월은 42% 올랐어요. 역전 후 침체 시작까지 마이너스가 발생한 건 2번이었고 1980년 9월의 경우 -36%로 하락 폭이 컸습니다. 침체 시작 후 종료까지는 손실 3번, 상승 3번이었습니다.

단기채(T-Bill)는 현금성 자산으로 손실이 없었습니다([표 12] 참고). 1978년과 1980년의 경우 고인플레이션 시기로 가격 상승 폭이 19%, 26%로 상당히 컸습니다.

미국 주식, 미국 국채, 금, 단기채, 이 4개 자산의 경기침체 시기별 움직임을 비교해 보면 각각 다른 모습을 보였습니다. 즉, 4개 자산에 투자금을 동일하게 나눠 놓기만 했어도 손실 폭이 상당히 줄어든다는 것을 알 수 있습니다. 전 세계적으로 유명한 자산배분 방식인 영구 포트폴리오(Permanent Portfolio)는 주식, 국채, 금, 단기채에 균등한 비율로 투자금을 나누는 투자법입니다. 이런 단순한 방식의 자산배분만으로도 지난 6번의 경기침체 시기를 큰 손실 없이 지나갈 수 있었음을 알 수 있습니다([표 13] 참고).

표 11 >>> 장단기 금리 역전 이후 시기별 금 가격 수익률

	1978년 8월	1980년 9월	1989년 8월	2000년 2월	2006년 6월	2019년 8월
역전 후 침체 시작까지	54%	-36%	6%	-8%	6%	29%
침체 시작 후 종료까지	104%	-21%	-4%	4%	34%	-10%
역전 후 침체 종료까지	215%	-49%	2%	-4%	42%	15%

표 12 >>> 장단기 금리 역전 이후 시기별 단기채 지수 수익률

	1978년 8월	1980년 9월	1989년 8월	2000년 2월	2006년 6월	2019년 8월
역전 후 침체 시작까지	9%	14%	8%	6%	5%	1%
침체 시작 후 종료까지	10%	10%	5%	3%	3%	0%
역전 후 침체 종료까지	19%	26%	14%	9%	8%	1%

표 13 >>> 장단기 금리 역전 후 시기별 영구 포트폴리오 자산배분 성과

	1978년 8월	1980년 9월	1989년 8월	2000년 2월	2006년 6월	2019년 8월
역전 후 침체 시작까지	19%	-9%	3%	1%	9%	14%
침체 시작 후 종료까지	30%	2%	7%	1%	11%	2%
역전 후 침체 종료까지	63%	-5%	10%	2%	20%	17%

따라서 장단기 금리 역전 현상 이후에 발생할 경기침체를 막연히 두려워할 필요는 없습니다. 다음 장에서 소개하는 K-올웨더 포트

폴리오는 영구 포트폴리오보다 더 다양한 자산에 분산함으로써 위험은 더 낮추고 수익은 더 챙기는 투자법이니 경기침체기를 이겨내는 데 도움이 될 겁니다.

6장

자산배분 투자법의
장점과
포트폴리오 만들기

그냥 어린이 펀드에
가입하면 안 되나요?

　설날이나 어린이날 전후로 어린이용 펀드에 대한 기사를 많이 볼
수 있습니다. 이것은 설날 받은 세뱃돈, 어린이날 받은 용돈으로 펀
드에 가입하라는 광고성 기사입니다. 펀드는 가입자들의 투자금을
모아 자산운용사의 펀드매니저가 대신 돈을 굴려주는 것을 말하는
데요. 펀드 이름에 어린이, 아이사랑, 우리아이, 착한아이 같은 단어
를 포함시켜 자녀용 상품으로 홍보를 합니다. 이것저것 따지기 귀찮
을 때 전문가가 어련히 알아서 잘 만들고 운용해주겠지 싶어서 이
런 펀드에 가입을 고려할 수도 있습니다. 가입하기 전에 현재 운용
되는 어린이 관련 펀드 상품들을 알아봐서 어떤 종목을 편입했으며

표 14 》》 어린이 펀드 현황(모펀드 운용규모순 정렬, 2023.1.27, 클래스C 기준)

종목명	설정일	모펀드 운용규모	ABCD 총비용	총보수 (A)	TER(A+B)
미래에셋우리아이 3억만들기증권자투자 신탁G1(주식)종류C1	2011-01-10	1,599	2.37	2.07	2.08
신한엄마사랑어린이 적립식증권자투자 신탁1[주식](종류C1)	2005-05-03	524	2.77	2.22	2.22
한국밸류10년투자 어린이증권투자신탁1 (주식)(C)	2011-05-19	466	1.76	1.25	1.25
미래에셋우리아이세계로 적립식증권투자신탁K-1 (주식)종류C1	2011-01-10	422	2.35	2.06	2.09
NH-Amundi아이사랑 적립증권투자신탁1 [주식]ClassC2	2010-10-18	374	2.23	1.95	1.95
삼성착한아이예쁜아이 증권자투자신탁 1 [주식](C1)	2006-09-11	139	2.57	2.13	2.13
미래에셋우리아이친디아 업종대표증권자투자 신탁1(주식)종류C2	2011-01-10	71	2.65	2.45	2.51
IBK어린이인덱스증권자 투자신탁[주식]종류C	2012-05-07	30	0.75	0.70	0.71
대신대표기업어린이 적립증권자투자신탁 [주식]ClassC2	2006-10-24	13	1.81	1.64	1.64
마이다스백년대계어린이 적립식증권자투자신탁 (주식)C1	2010-10-25	9	2.62	2.41	2.41
신한엄마사랑어린이 이머징스타증권자투자 신탁1(H)[주식](종류C)	2008-04-29	6	2.52	2.15	2.34

(단위 : 억 원, %)

그동안의 성과는 어땠는지 꼼꼼히 살펴보겠습니다.

[표 14]와 같이 국내에는 다양한 어린이 펀드들이 판매 및 운용 중입니다. 이들 중 운용 규모가 100억 원 이상이고 2011년 1월 말 이전에 출시한 5개 펀드의 성과를 분석해 [표 15]에 정리했습니다.

5개 펀드의 12년간 누적 성과(기간수익률)를 보면 −10%에서 +18%까지 다양하네요. 연복리로 계산한 연수익률로는 −0.9%에서 +1.4%의 성과를 보였습니다. 이는 비교 대상으로 놓은 코스피 지수 ETF 상품(TIGER200)의 누적수익률 36%(연수익률 2.6%)에 비해 매우 낮은 수준이었습니다.

위험지표 관점에서도 비교해보겠습니다. 어린이 펀드들의 연변동성은 13~18%로 코스피의 17%와 큰 차이가 없습니다. 어린이 펀드들의 최대 낙폭은 34~48%로 코스피의 38%와 비슷하거나 높았

표 15 》》 **어린이 펀드 성과 비교(2011.1.31~2022.12.31, 클래스C 기준)**

	TIGER 200 (코스피)	미래에셋 우리아이 3억만들기	신한엄마 사랑어린 이적립식	미래에셋 우리아이 세계로	NH-Amundi 아이사랑 적립	삼성착한 아이예쁜 아이
기간수익률	36%	-5%	5%	0%	18%	-10%
연수익률	2.6%	-0.4%	0.4%	0.0%	1.4%	-0.9%
연변동성	17%	13%	17%	13%	18%	17%
최대낙폭	38%	35%	42%	34%	46%	48%
최장손실 기간(월)	48	77	52	55	50	80

그림 9 〉〉〉 **어린이 펀드 과거 움직임(2011.1.31~2022.9.30, 클래스C 기준)**

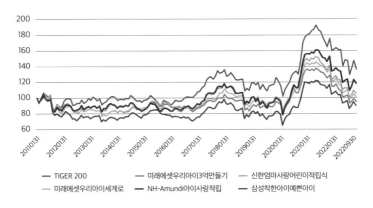

- TIGER 200
- 미래에셋우리아이3억만들기
- 신한엄마사랑어린이적립식
- 미래에셋우리아이세계로
- NH-Amundi아이사랑적립
- 삼성착한아이예쁜아이

습니다. 최장 손실기간은 52~80개월로 코스피의 48개월보다 더 오랜 기간 손실을 보였습니다.

요약하면 어린이 펀드들을 코스피 지수와 비교했을 때 위험은 더 높았고 수익은 오히려 낮았습니다. 한마디로, 어린이 펀드의 성과가 별로였다는 의미입니다.

어린이 펀드들의 성과를 코스피 지수(TIGER200)와 비교한 이유는 [그림 9]를 통해 설명드릴 수 있습니다. [그림 9]를 보면 코스피(빨간색 선)가 상승하고 하락하는 움직임과 펀드들의 움직임이 비슷하다는 것을 알 수 있습니다. 얼마나 서로 상관되어 비슷하게 움직이는가를 계산하는 지표를 상관계수라고 합니다. 상관계수는 -1에서 +1의 값을 가지는데 +1에 가까울수록 비슷하게 움직인다는 뜻입니다. 코스피 지수와 각 어린이 펀드의 상관계수는 0.87~0.93으

상관관계와 상관계수

상관관계는 두 투자 대상이 움직이는 정도가 얼마나 관련 있는지를 나타냅니다. 상관관계를 수치로 표현한 것을 상관계수라고 하는데, +1에서 -1 사이의 값을 갖습니다. +1에 가까울수록 같이 움직이는 성향이 큰 것이고, -1에 가까우면 정반대로 움직이는 특성을 갖습니다. 0에 가까울수록 서로 아무 상관없이 움직인다는 의미입니다. 분산투자를 할 때 중요한 개념입니다.

표 16 ≫≫ 어린이 펀드와 코스피 200의 상관관계

미래에셋우리아이3억만들기	신한엄마사랑어린이적립식	미래에셋우리아이세계로	NH-Amundi아이사랑적립	삼성착한아이예쁜아이
0.88	0.92	0.87	0.93	0.87

로 매우 높게 나옵니다.

어린이 펀드는 코스피200 지수와 매우 비슷하게 움직이면서도 수익은 작았습니다. 어린이 펀드 성과가 저조한 이유 중 하나는 높은 비용 때문입니다. 5개 어린이 펀드의 ABCD 총비용은 평균 2.46%입니다. ABCD 총비용이란 자산운용사 등 펀드 운용과 관련된 회사들이 가져가는 보수율(A)과 기타비용(B)에 판매수수료(C)와 매매중개수수료율(D)을 더해서 계산한 값으로, 가입자가 부담하게 되는 비용을 합하여 계산한 값입니다. 참고로 TIGER200 ETF의 ABCD 총비용은 0.085%로 어린이 펀드보다 96%나 저렴합니다. 코스피 200을 추종하는 ETF의 과거 연수익률이 2.6%인데 어린이 펀드 5개의 평균 수익률이 0.1%로 2.5%포인트나 차이나는 이유는 이 비용(2.46%)이 설명해주는 듯합니다.

어린이 펀드의 과거 성과가 안 좋았으니 미래 성과도 나쁠 것이라고 주장하는 것은 아닙니다. 하지만 12년간 이런 모습을 보였던 펀드가 어느 날 갑자기 다른 모습을 보일 거라고 생각하기도 쉽지 않습니다. 따라서 어린이 펀드에 넣을 바에는 코스피200 지수를 추종하고 수수료와 비용이 저렴한 인덱스 펀드나 ETF에 투자하는 것이 낫다는 결론이 나옵니다. 그렇다면 코스피200은 무엇이고 인덱스 펀드는 어떤 건지 살펴볼까요?

투자한다면
시장에 투자하세요

어린이 펀드를 관리하는 펀드매니저는 다양한 주식을 매매하여 수익을 내려고 노력했을 텐데 안타깝게도 주가지수인 코스피200보다 성과가 좋지 않았죠. 여기서 사용된 '주식, 펀드, 지수'라는 용어에 대해 간단하게 알아보겠습니다.

주식이란 회사가 자본을 늘리기 위한 목적으로 회사의 주권을 사고 팔 수 있게 만든 것을 말합니다. 주식 시장이란 이러한 회사들의 주식을 사고 파는 곳입니다. 주식에 투자하는 방법은 크게 3가지로 나눌 수 있습니다. 하나는 개별 회사 주식에 '직접 투자'하는 방법이고, 두 번째는 주식형 펀드를 통해 '간접 투자'하는 방법, 세 번째가 주식 시장 자체에 투자하는 '지수 투자' 방법입니다.

5장에서 살펴보았듯 개별 기업의 주식을 직접 사고 파는 방식은 생각보다 어렵습니다. 국내외의 많은 연구를 통해 밝혀진 바에 따르면 개인투자자의 직접 투자 수익률은 항상 주식 시장의 수익률보다 낮았습니다. 워런 버핏은 일반적인 개인투자자에게 주고 싶은 조언을 묻는 질문에 이렇게 대답했습니다.

"일주일에 6~8시간 정도를 투자에 쓸 수 있다면, 직접 투자를 하세요. 그렇지 않다면 인덱스펀드에 적립식으로 투자하세요. 이렇게 하면 자산과 시간에 대한 분산 효과를 거둘 수 있고, 투자에는 이 두 가지가 매우 중요합니다."

일주일에 8시간을 주식 투자와 분석에 할애할 수 있는 사람은 많지 않습니다. 게다가 그렇게 한다고 해서 인덱스펀드, ETF보다 수익률이 더 좋을 것이라는 보장도 없습니다.

다음으로 펀드에 간접 투자하는 방식이 있는데 어린이 펀드의 사례에서 살펴보았듯 펀드들 역시 지수를 이기기는 쉽지 않습니다. 많은 연구에서도 펀드가 지수를 이기기 어렵다는 결과가 나왔습니다. 1984년 상위 200개 펀드 중 15년 후의 성과가 미국 주가지수를 이긴 경우는 8개에 불과했습니다. 다시 말해, 지수에만 투자했어도 상위 5%의 성과를 얻을 수 있었다는 겁니다. 더욱이 200개 펀드에서 미래에 좋은 성과를 낼 상위 8개 펀드를 투자 시작 시점에 골라내기

란 사실상 불가능하기도 하고 말이죠. 이런 현상은 최근에도 마찬가지입니다. 2020년 발표된 보고서(SPIVA)에 따르면 최근 15년간 운용된 주식형 펀드의 87%가 지수보다 낮은 성과를 보였습니다.

남은 세 번째 방법은 주식 시장 자체에 투자하는 것입니다. 주식 시장에 투자하기 위해서는 주가지수를 상품화한 인덱스(=지수)에 투자하면 됩니다. 대표적으로 코스피(KOSPI)가 있는데 KOSPI는 한국종합주가지수(Korea Composite Stock Price Index)의 약자입니다. 코스피(혹은 코스피 지수)는 한국거래소 유가증권시장에서 거래되는(상장된) 주식들의 가격을 종합적으로 모아 만든 것입니다. 언론에서 주식 시장에 대해 언급할 때 자주 사용하는데 '주가지수가 3000을 넘겼다'거나 '코스피가 2000으로 하락했다' 등과 같이 표현할 때 사용됩니다. 국내에서 가장 많이 거래되는 대표적인 지수로 코스피200이 있습니다. 이는 코스피 시장에 상장된 800여 개 중 상위 200개 기업의 주가를 이용하여 만드는 지수입니다. 코스피200 지수의 움직임에 투자할 수 있는 인덱스펀드나 ETF가 많은데, 앞서 살펴봤던 TIGER200이 그 중 하나입니다.

개별 주식에 직접 투자하는 것이나 펀드를 통한 투자가 지수보다 낮은 성과를 보인다면 지수를 추종하며 비용이 낮은 ETF에 투자하면 될 것 같습니다. 그런데 여기서 짚어봐야 할 것이 있습니다. 바로 위험 지표들입니다. 한국 주식(코스피200)이나 미국 주식(S&P500) 모두 상당히 위험한 투자 대상입니다. 지난 23년간의 움직임을 보

그림 10 >>> **한국과 미국의 주가지수 움직임 비교(2000.1~2022.8)**

면 두 지수의 연수익률은 미국과 한국이 각각 6.3%, 5.2%입니다. 위험지표인 변동성을 보면 미국이 20%, 한국이 23%로 비슷합니다. 최대 낙폭 역시 미국과 한국이 55%, 57%로 비슷한데 낙폭이 50%가 넘습니다. 투자금이 반 토막 나는 상황이 있었을 만큼 위험하다는 것이죠. 최장 손실기간은 미국과 한국이 53개월, 50개월로 비슷하며 두 지수에 투자했을 때 상당히 오랜 기간 손실의 고통을 겪을 수 있다는 것을 의미합니다. [그림 10]에서 색칠되어 있는 부분이 주요 하락 구간들입니다. 주가지수의 하락은 생각보다 자주 있고, 그 폭도 크다는 것을 알 수 있습니다.

개별 기업 주식에 직접 투자하는 것이나 펀드 투자보다 지수 투자가 낫다고 했지만 지수 투자의 위험성도 결코 낮지 않습니다. 그런데 이런 위험을 낮출 수 있는 방법이 있습니다. 앞서 보았던 유대인들의 투자 방식에 힌트가 있는데요. 바로 자산배분 포트폴리오 투자입니다.

최소한의 자산배분, 유대인 3분법

《탈무드》에는 "모든 이로 하여금 자신의 돈을 세 부분으로 나누게 하되, 3분의 1은 토지에, 3분의 1은 사업에 투자케 하고, 나머지 3분의 1은 예비로 남겨두게 하라."라는 말이 나옵니다. 5천 년 유대인들의 지혜가 집약된 《탈무드》는 문서화된 지 2천 년이 훌쩍 넘었습니다. 과거에는 현재와 같이 주식이나 채권 같은 투자 상품이 없었습니다. 따라서 위의 말을 현대적으로 해석해 보면, 사업은 성장 가능성이 크며 위험수준도 높은 대상이니 주식으로 치환해 볼 수 있습니다. 토지는 임대료를 받을 수 있다는 점에서 이자를 수취할 수 있는 채권으로 바꿀 수 있습니다. 예비로 남겨두라는 부분은 언제든 현금화가 가능하다는 점에서 예금이나 단기채 ETF, CMA 같은 현금성 자산으로 해석할 수 있습니다. 즉 《탈무드》에 나오는 자산 3분법은 요즘 기준으로 주식, 채권, 현금성 자산에 나누어 투자하라는 말이 됩니다. 유대인이 성인식을 하며 받은 축의금을 주식, 채권, 예금 등 다양한 자산으로 분산해 투자한다는 말도 일맥상통합니다.

《탈무드》의 분산 방법에 대해 제가 동의하는 이유를 구체적으로 설명해 보겠습니다. 우선 채권에 대해 간단히 이해할 필요가 있습니다. 채권은 돈을 빌리면서 원금과 이자를 지급하기로 약속하는 서류(증권)입니다. 우리가 은행에 예금을 하면 예금통장을 받는데 이는 은행이 고객에게 원금과 이자를 지급하기로 약속하는 서류가 됩니다. 반대로 고객이 은행에서 대출을 받으면 원금과 이자를 갚겠다고 약속하는 서류(대출약정서)에 서명을 하죠. 이때 예금통장이나 대출약정서 같은 것이 바로 채권과 같은 형태입니다. 단, 예금통장이나 대출약정서는 실명으로 되어 있어서 사람들 간에 사고 팔 수는 없습니다.

우리가 채권에 투자한다고 할 때는 시중에서 매매가 가능한 형태의 채권들에 투자를 하게 되는데요. 돈을 빌리는 주체에 따라 채권을 회사채와 국채로 나눌 수 있습니다. 국가보다는 회사의 부도 확률이 훨씬 높겠지요? 그래서 일반적으로 회사채의 수익률이 국채보다 높습니다. 국채는 상대적으로 안전하기 때문에 수익률이 낮지만, 자산배분 포트폴리오에서 빠질 수 없는 역할을 합니다. 주식이 하락하는 시기에 국채 가격이 상승하거나 덜 하락하여 포트폴리오를 방어해주기 때문입니다.

국채가 주식과 다른 움직임을 보이는 이유는 크게 두 가지입니다. 하나는 많은 투자자가 주식이 위험해졌다고 판단해 상대적으로

그림 11 ⟫⟫ 미국 주식과 국채의 움직임(2000.1~2022.9)

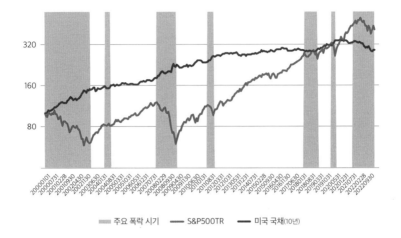

안전한 국채로 돈을 옮겨 놓으면서 국채 수요가 증가하기 때문입니다. 다른 하나는 주식 시장이 크게 붕괴할 때 각국 중앙은행이 경기 활성화를 위해 시중에 유동성을 공급하면서 금리를 낮추기 때문입니다. 금리가 낮아지거나 국채 수요가 증가하면 국채 가격이 상승하게 됩니다. 이런 이유로 국채가 주식과 다른 움직임을 보이는 것입니다.

[그림 11]은 미국 주식과 미국 국채의 움직임입니다. 주요 폭락 시기의 움직임을 보면, IT 버블 붕괴와 911 테러로 미국 증시가 폭락하던 2000년 1월부터 2003년 2월 사이 미국 대형주 지수(S&P500TR)는 -40%가 하락한 데 반해 미국 국채(10년)는 50%의 상승을 보였습니다. 글로벌 금융위기가 있던 2007년 10월에서 2009년 2월까지

의 기간에는 미국 주식이 −51% 하락했는데 국채는 20% 상승했습니다. 코로나 대유행이 있던 2019년 12월부터 2020년 3월에는 미국 주식이 −20% 하락하는 동안 국채가 8% 상승했습니다.

물론 주식과 국채가 항상 반대로 움직이지는 않습니다. 주식과 국채가 같이 상승하거나 하락하는 구간도 있습니다. 둘이 동시에 하락한 대표적인 사례가 2022년입니다. 2021년 12월부터 2022년 12월까지 미국 주식은 −18% 하락했는데, 미국 국채도 −12%가 하락합니다. 이렇듯 투자 시장에 있는 자산들의 상관관계가 항상 일정하지는 않습니다. 그래서 주식과 국채만으로 포트폴리오를 완성하기는 어렵습니다. 유대인들이 현금성 자산에도 자금을 분배하라고 한 이유가 그것일 것입니다.

일반적으로 예금, 단기채 ETF, CMA와 같은 현금성 자산의 수익률은 물가상승률 수준에서 정해지기 때문에 수익성(실질수익률)이 매우 낮습니다. 대신 가격이 큰 폭으로 하락하는 일이 없고 언제든 찾아서 사용할 수 있다는 장점이 있죠. 주식, 국채 등 많은 자산의 가격이 폭락했던 2022년 한 해 동안 미국의 현금성 자산(3M T-bill)은 2.0% 올랐고, 한국도 현금성 자산(CD 91일물) 가격이 2.2% 상승했습니다.

유대인 3분법의 핵심은 '움직임이 다른 자산을 보유하라'는 데 있습니다. 이를 요즘 투자용어로 바꿔 말하면 '상관관계가 낮은 투자 대상에 분산하는 자산배분 포트폴리오로 운용하라'가 됩니다.

자산을 어떻게 나누면
가장 성과가 좋을까요?

유대인 3분법은 매우 간단합니다. 주식, 국채, 현금성 자산 3개의 자산으로만 나누면 되기 때문입니다. 그런데 가만히 생각해 보면 몇 가지 궁금증이 떠오릅니다.

> 1. 주식이나 국채에는 한국도 있고 미국도 있는데, 대체 어느 나라가 좋은가요?
> 2. 주식 시장이 안 좋을 때마다 달러가 오른다던데, 달러 투자는 어떤가요?
> 3. 금 투자도 유망하다고 하던데 금에도 투자해야 하나요?

첫 번째 질문에 대한 답은 분산입니다. 어느 쪽이 더 높은 수익을 줄 것인지 알 수 있다면 그곳을 선택하면 됩니다. 하지만 누구도 미래의 일을 확실히 알 수는 없습니다. 과거를 돌아봤을 때도 한쪽만이 계속 이긴 적은 없습니다. 그러니 양쪽 모두 가져가는 '분산'을 선택하는 것입니다. 특히 미국과 한국은 선진국과 신흥국의 특성을 지니고 있어서 다른 움직임을 보이는 경우가 많기도 합니다.

두 번째 질문은 미국 달러에 대한 것인데, 결론부터 말하면 달러는 한국과 같은 신흥국 투자자들에게 유용한 투자 대상입니다. 왜냐하면 주가가 하락하는 등 경기가 나빠지면 원화와 같은 신흥국 통화 대비 미국 달러 가치가 올라가기 때문입니다. 쉽게 말해 달러 가격

그림 12 〉〉〉 **한국 주식과 미국 달러의 움직임(2000.1~2022.8)**

이 상승하죠. 이런 현상이 발생하는 원인은 안전자산 선호 심리 때문입니다. 경기 상황이 안 좋으니 상대적으로 안전한 미국 달러를 보유하려는 사람들이 많아지고 그런 수요 증가로 달러 가격이 오르는 것이죠. 그렇다고 해서 미국 달러는 언제나 안전하다고 오해하면 안 됩니다. 어디까지나 '상대적으로' '특정 시기에' 그렇다는 얘기입니다.

[그림 12]에서 보듯 한국 주식이 안 좋을 때 달러가 상승하는 모습을 볼 수 있습니다. 대표적으로 2008년 글로벌 금융위기 때 코스피 지수가 반 토막이 나던 상황에 미국 달러는 900원대에서 1530원대를 넘어서며 70%가 상승했습니다. 비교적 최근인 2021년 6월부터 2022년 10월까지 한국 주식은 -30% 하락했는데 그 사이 달러는 27%나 상승했죠. 이런 이유 때문에 신흥국인 한국의 투자자들

에게 달러는 포트폴리오를 보호해주는 매우 중요한 자산이 됩니다. 《탈무드》가 쓰여질 무렵의 유대인들은 알 수 없던 내용이겠죠. 지난 23년간 달러와 다른 자산 간의 상관관계는 매우 낮았고, 반대로 움직였는데요. 달러와의 상관계수는 미국 주식 -0.48, 한국 주식 -0.39, 미국 국채 -0.05, 한국 국채 -0.25였습니다.

마지막 질문은 금에 대한 것입니다. 사실 금 투자에 대한 의견은 여러 가지로 갈립니다. 다양한 데이터를 분석한 결과, 저의 의견은 '상관관계 관점에서 금은 유용한 투자 대상'이라고 봅니다. 지난 23년간 금과 다른 자산의 상관계수를 살펴보면 미국 주식과 0.02, 한국 주식과 0.10, 미국 국채와 0.29, 한국 국채와 0.19로 낮은 상관성을 보였는데, 특히 달러와는 -0.23으로 음의 상관관계를 보였습니다.

투자에서 상관관계의 중요성은 구체적인 사례로도 확인할 수 있습니다. 예를 들어 2022년 10월 말부터 12월 말까지 달러가 -11.0% 하락했고, 같은 기간 미국 주식도 -1.6% 하락하는데 이때 달러와 반대로 움직이는 금이 8.2% 상승해주었습니다. 과거에도 비슷한 일이 있었습니다. 2002년 4월 말부터 다음해 2월 말까지 한국 주식(-35%), 미국 주식(-26%)이 모두 하락할 때 달러도 -9% 하락했는데, 이때 금 가격은 15%나 상승했습니다. 이와 같이 주식과 달러는 대부분 음의 상관관계를 보이지만 때로는 같이 하락하는 구간들이 생길 수밖에 없습니다. 이럴 때 상승해주는 자산이 있으면 내 투자계좌 잔고의 하락폭이 줄어들고 투자자 입장에서 투자를 마음 편히

할 수 있게 됩니다.

그러나 유대인 3분법에서 얘기한 3개의 자산만으로는 다양한 위험 상황에 대처하기에 부족합니다. 구약성경 〈전도서〉에는 "당신의 몫을 일곱이나 여덟 가지 정도로 나누도록 하라. 왜냐하면 이 지구 상에 어떠한 불행이 닥칠지 알지 못하기에."라는 내용이 있습니다. 〈전도서〉의 조언대로 3개의 자산에 더해 해외 투자와 달러, 금을 포함해 포트폴리오를 구성하는 게 낫습니다. 그래서 저는 [표 17]에 나오는 포트폴리오를 만들었고, 이를 K-올웨더라고 부르고 있습니다.

K-올웨더 포트폴리오는 총 6개의 자산으로 구성했습니다. 포트폴리오의 기본 형태를 모델 포트폴리오(MP)라고 합니다. 이것을 기준으로 자산 비중을 설명하겠습니다. 한국과 미국 주식에 반반씩 각

표 17 〉〉〉 아이를 위한 자산배분 포트폴리오: K-올웨더

자산군 구분	추천 ETF 상품명	MP	투자비중		
			성장형	중립형	안정형
한국 주식	KOSEF200TR	25%	24%	20%	15%
미국 주식(UH)	ACE 미국S&P500	25%	24%	20%	15%
금(UH)	ACE KRX금현물	20%	19%	16%	12%
한국 국채	ACE 국고채10년	15%	14%	12%	9%
미국 국채(UH)	KODEX 미국채10년선물	15%	14%	12%	9%
현금성 자산	TIGER CD금리투자KIS(합성)	0%	5%	20%	40%
합계		100%	100%	100%	100%

25%를 배분하고, 금에 20%, 나머지 30%를 한국과 미국 국채에 할당했습니다. 여기서 현금성 자산의 비중을 5%, 20%, 40%로 할당한 후 다른 자산들의 비중을 모델 포트폴리오 비율에 맞춰 줄인 것이 각각 성장·중립·안정형입니다. 이 3가지 포트폴리오는 현금성 자산 비중에 따라 수익률이나 위험 정도가 달라집니다.

포트폴리오나 투자 전략이 어떤 성과를 낼 수 있는지 가늠해 보는 방법의 하나를 백테스트(backtest)라고 합니다. 과거(back)로 돌아가서 이와 동일한 방법으로 투자를 했다면 어떤 결과가 나왔을지 점검(test)해보는 것입니다. 과거의 일이 미래에도 반복될 것이라는 보장은 없습니다. 다만, 백테스트를 통해 다양한 시장 상황에서 투자 전략이 어떤 모습을 보였을지를 대략적으로 유추할 수 있습니다. 2000년 1월 31일부터 2023년 1월 31일까지 23년 동안 각 포트폴리오가 어땠는지 백테스트한 결과는 [표 18]과 같습니다.

분석 기간 동안의 연수익률을 보면, 성장·중립·안정형은 각각 7.3%, 6.7%, 5.8%로 전략별로 0.8~0.9%포인트 정도 차이가 납니다. 수익이 높은 것이 무조건 좋다고 할 수는 없습니다. 늘 투자 대상의 위험을 살펴보아야 합니다. 앞서 변동성, 최대 낙폭, 최장 손실 기간 등에 대해 설명 드렸는데, 성장·중립·안정형의 연변동성은 각각 7.5%, 6.3%, 4.7%이고, 최대 낙폭은 각각 13%, 11%, 8%, 최장 손실기간은 각각 19개월, 18개월, 15개월로 나옵니다.

K-올웨더 중에서는 성장형이 어느 지표로 보나 가장 위험하네

표 18 〉〉〉 K-올웨더 포트폴리오별 백테스트 결과 비교(2000.01.31~2023.01.31)

	K-올웨더 성장형	K-올웨더 중립형	K-올웨더 안정형	유대인 3분법	미국 주식 (S&P500TR)	한국 주식 (KOSPI200TR)
기간수익률	409%	341%	264%	250%	353%	296%
연수익률	7.3%	6.7%	5.8%	5.6%	6.8%	6.2%
연변동성	7.5%	6.3%	4.7%	7.4%	15.6%	21.9%
최대 낙폭	13%	11%	8%	16%	51%	51%
손실최장기간	19	18	15	19	73	68
손실고통크기	1.45	1.11	0.72	1.48	15.62	13.32
샤프비율	0.58	0.58	0.59	0.35	0.24	0.14
김씨비율	0.32	0.33	0.36	0.17	0.07	0.06

요. 성장형의 수익이 연 7.3% 정도라 매력적이지만 위험 지표를 보면 가장 위험하니 어떻게 결정해야 할지 고민이 됩니다. 이렇게 위험과 수익을 동시에 분석하고자 할 때 사용하는 지표가 샤프비율입니다. 노벨상을 받은 윌리엄 샤프가 만든 방법으로 초과수익률*을 변동성으로 나누어 계산합니다. 성장·중립·안정형의 샤프비율은 0.58~0.59로 거의 동일합니다. 또 다른 위험대비수익 지표로 김씨비율을 계산하였는데 김씨비율은 샤프비율과 비슷한데, 초과수익률을 변동성이 아닌 최대 낙폭으로 나누는 차이가 있습니다. 투자자가 느끼는 위험으로 최대 낙폭이 더 크게 영향을 미치기도 하기 때

• 초과수익률은 수익률을 무위험수익률로 뺀 값을 말하며, 무위험수익률이란 단기국채, 현금성 자산 등을 말합니다. 여기서는 3.0%입니다.

문입니다. 김씨비율을 비교해 보면 성장·중립·안정형이 0.32, 0.33,
0.36으로 큰 차이가 나지는 않습니다. 샤프비율이나 김씨비율을 짐
검해 봤을 때 위험 대비 수익에서는 차이가 없다는 의미입니다. 이
럴 경우 각자의 위험감내도(위험을 견딜 수 있는 정도)에 따라 선택하
면 됩니다. 사실 투자 경험이 적은 경우 자신의 위험감내도를 알기
어렵습니다. 저의 추천은 처음 투자를 하는 경우라면 중립형 정도가
괜찮다고 생각합니다.

앞서 유대인 3분법보다 더 분산을 하는 것이 좋다고 말씀드렸고,
[표 18]에서 결과를 수치로 비교해 보았는데요. 여기서는 유대인 3
분법을 한국 주식, 한국 국채, 현금성 자산에 3분의 1씩 투자했다고
가정했습니다. 유대인 3분법의 연수익률은 5.6%로 안정형의 5.8%
보다도 낮습니다. 그런데 연변동성은 7.4%로 성장형(7.5%)만큼이
나 높습니다. 최대 낙폭(16%)이나 손실 최장기간(19개월)도 성장형
과 비슷하거나 더 나쁩니다. 즉 유대인 3분법보다 K-올웨더 성장·
중립·안정형 포트폴리오가 수익성이나 위험성 모두에서 더 우수하

다는 게 수치로 증명됩니다.

　유대인 3분법이 나쁜 전략이라는 얘기는 아닙니다. 단순하게 한국 주식에만 넣어둔 결과와 비교해 보면 알 수 있습니다. 한국 주식의 과거 성과는 연 6.2%의 수익이 나와 유대인 3분법의 연 5.6%보다 좋았습니다. 그런데 위험지표를 보면 한국 주식의 연변동성은 21.9%로 유대인 3분법의 7.4%보다 3배 가까이 위험합니다. 최대 낙폭 역시 51%로 유대인 3분법의 16%보다 3.5배나 많이 하락했습니다. 손실 최장기간은 68개월로 운이 나빴다면 6년 가까이 손실이 계속되었겠지요. 미국 주식에만 투자한 경우도 위험 지표가 매우 나쁘다는 것을 알 수 있습니다. 결론적으로 한국 주식이나 미국 주식처럼 어느 한 대상에만 투자하는 것보다는 유대인 3분법과 같이 분산하는 것이 낫고 K-올웨더 포트폴리오처럼 좀 더 다각화하는 것이 훨씬 유리합니다.

　다음 페이지의 [그림 13]을 보면 K-올웨더 자산배분 포트폴리오의 수익이 장기적으로 한국 주식이나 미국 주식과 크게 다르지 않다는 것을 알 수 있습니다. 그런데 자산배분의 경우 주식과 달리 위아래로 출렁거리는 모습이 크지 않고 부드럽게 수익이 쌓여간다는 것을 알 수 있습니다. 이것이 바로 위험은 낮추고 수익을 챙기는 자산배분 투자의 묘미입니다.

　K-올웨더 포트폴리오에 달러는 왜 빠졌냐고 생각하는 분이 있으실 텐데요. 달러의 경우 별도의 자산으로 투자하지 않고 기존 자산에

그림 13 〉〉〉 K-올웨더 성장형 자산배분 포트폴리오 움직임 비교(2000.1.31~2022.9.30)

달러 움직임이 포함되도록 했습니다. [표 17]에서 미국 주식, 금, 미국 국채 이름 옆에 붙은 '(UH)'라는 표기가 그것입니다. UH는 언헤지 (unhedged)라는 영어 단어의 줄임말로 헤지(hedged)의 반대말입니다. 예를 들어 미국 주가지수는 미국 달러로 투자됩니다. 이때 미국 주식 움직임에만 투자하겠다고 하면 통화에 대해 헤지된 상품을 사면 됩니다. 예를 들면, 국내 ETF 상품 중 'TIGER 미국S&P500선물 (H)' 이 있는데 상품 이름 뒷부분에 '(H)' 표시가 있으니 헤지되었다는 의미입니다. 반면 이 표시가 없는 ETF는 언헤지된, 즉 통화 움직임에도 투자하는 상품이 됩니다. 앞서 언급된 'ACE 미국S&P500', 'ACE KRX금현물', 'KODEX 미국채10년선물'에는 (H) 표시가 없으므로 달러 움직임에도 투자하는 상품인 것입니다.

각 자산군별로 다양한 운용사에서 나온 ETF가 있는데 왜 특정 ETF를 콕 찝어 선정했는지 궁금하실 듯하여 설명 드리겠습니다. 참고로 저는 인덱스 펀드보다 ETF 상품을 선호하는데, 그 이유는 ETF가 일반 펀드에 비해 보수나 비용이 훨씬 저렴하고 실시간으로 매매가 가능해서 관리하기 편하기 때문입니다. 그런 ETF의 장점을 최대한 살리려면 동일한 유형의 ETF 중에서 비용은 낮고, 거래대금이나 시가총액이 큰 상품을 선택해야 합니다.

자산군별 추천하는 ETF의 종목명과 총보수, 총비용 등을 다음 페이지 [표 19]에 정리했습니다.

한국 주식에서는 코스피200TR 지수를 추종하는 여러 ETF 중 'KOSEF 200TR'을 추천합니다. 총보수나 총비용이 가장 저렴하고 거래대금이나 시가총액이 높은 편이기 때문입니다. 미국 주식의 경우 S&P500 지수를 추종하면서 환노출되는(UH) ETF 중에서 'ACE 미국S&P500'을 추천합니다. 총보수는 TIGER 미국S&P500과 같은 0.07%이지만, 총비용이 0.1576%로 더 효율적입니다.

한국 국채와 미국 국채는 총보수와 총비용이 저렴한 'ACE 국고채10년', 'KODEX 미국채10년선물'을 추천합니다. 현금성 자산으로는 총비용이 낮고, 시가총액도 가장 큰 'TIGER CD금리투자KIS

표 19 〉〉〉 **자산군별 주요 ETF 및 추천 상품(2023.2.23 기준)**

구분	종목명	ABCD 총비용(%)	총보수 (%)	거래대금 (백만 원)	시가총액 (억 원)
한국 주식	KOSEF 200TR	0.0513	0.012	2,417	4,733
	KBSTAR 200TR	0.0554	0.012	431	2,016
	KODEX 200TR	0.0981	0.050	3,158	20,232
	SOL 200TR	0.0901	0.050	1,798	2,142
미국 주식	ACE 미국S&P500	0.1576	0.070	2,241	5,189
	TIGER 미국S&P500	0.1800	0.070	12,237	18,008
	KBSTAR 미국S&P500	0.2025	0.021	779	2,059
	KODEX 미국S&P500TR	0.2167	0.050	2,381	4,611
금	ACE KRX금현물	0.7960	0.500	509	524
한국 국채	ACE 국고채10년	0.0570	0.02	327	937
	KOSEF 국고채10년	0.0733	0.05	2,760	3,437
	SOL 국고채10년	0.0605	0.05	165	246
미국 국채	KODEX 미국채10년선물	0.2049	0.09	187	220
	TIGER 미국채10년선물	0.3962	0.29	926	983
현금성 자산	TIGER CD금리투자KIS(합성)	0.0573	0.03	22,255	48,470
	KODEX KOFR금리액티브(합성)	0.0620	0.05	4,080	30,675
	TIGER 단기채권액티브	0.0937	0.07	30,345	4,297

(합성)'를 추천합니다. 마지막으로 금(환노출)의 경우 국내 상장된 ETF는 'ACE KRX금현물'이 유일하므로 이를 추천합니다.

경제의 모든 상황을 극복하는 'K-올웨더' 포트폴리오

앞에서 6개의 자산으로 구성된 자산배분 포트폴리오의 이름이 'K-올웨더'라고 했는데요, 왜 이렇게 이름을 붙였는지 설명해드리겠습니다. 전 세계적으로 많이 알려진 미국의 '올웨더'라는 자산배분 포트폴리오를 한국의 투자자에게 더 적합하게 개선했다는 의미에서 붙인 이름입니다.

'올웨더(All Weather)'란 브리지워터에서 운용하는 대표 펀드 중하나의 이름입니다. 브리지워터(Bridgewater Associates)는 세계 최대 규모의 자금을 운용하고 있는 헤지펀드 운용사입니다. 이 회사의 창업자인 레이 달리오(Ray Dalio)는 타임지가 선정한 세계에서 가장 영향력 있는 100인, 블룸버그 마켓이 선정한 가장 영향력 있는 50인에 뽑히기도 했습니다. 그가 탄생시킨 올웨더 펀드 역시 장기간의 꾸준한 수익과 운용자금 규모로 전 세계적으로 유명해졌습니다.

올웨더는 경제의 모든 계절(상황)을 잘 견뎌낼 수 있는 포트폴리오라는 의미입니다. 자료에 따라서는 '전천후(all weather)' 혹은 '사계절(4 seasons)' 포트폴리오라고 부르기도 합니다. 레이 달리오는 경제 환경을 4개의 상황으로 나눕니다. 경제성장률과 물가상승률, 그리고 각각이 기대보다 높을 때와 낮을 때로 나누어 각 상황별로 좋은(수익이 나는) 자산이 다르다고 얘기합니다.

경제성장률이 기대보다 높을 때는 주식, 회사채, 원자재/금, 신흥국 채권 등이 좋고, 그 반대일때는 미국 국채, 물가연동채권이 좋다고 합니다. 물가상승률이 기대보다 높을 때는 물가연동채권, 원자재/금, 신흥국 채권의 성과가 좋고, 낮을 때는 주식, 미국 국채를 보유하는 게 낫다고 합니다. 레이 달리오의 주장이 항상 맞는 것은 아닙니다. 대체로 그러한 성향을 보인다는 것이죠. 그의 논리가 항상 맞다고 해도 미래의 경제성장률과 물가상승률이 어떨지 예측할 수는 없습니다. 예측이 가능하다면 미리 가장 많이 오를 자산을 매수해두고 기다리면 될 것이고 상상을 초월하는 부자가 될 것입니다. 예측이 어렵다는 것을 잘 알고 있는 레이 달리오는 4개의 경제 상황에 대처할 수 있도록 각 상황의 발생 가능성이 동일하게 25%라고 가정합니다. 이런 자산배분은 위험 균형(risk parity) 방식이라고도 하는데, 어떤 상황이 발생할지 알 수 없으므로 모든 상황에 대응할 수 있게 하자는 논리에 기반합니다.

표 20 〉〉〉 **브리지워터의 올웨더 자산배분**

	경제성장률	물가상승률
기대보다 높을 때	(경제성장률이 기대보다 높을 때 좋은 자산) 주식, 회사채, 원자재/금, 신흥국 채권	(물가상승률이 기대보다 높을 때 좋은 자산) 물가연동채권, 원자재/금, 신흥국 채권
기대보다 낮을 때	(경제성장률이 기대보다 낮을 때 좋은 자산) 미국 국채, 물가연동채권	(물가상승률이 기대보다 낮을 때 좋은 자산) 주식, 미국 국채

출처: 올웨더 포트폴리오의 자산배분 논리를 설명하는 '펜실베니아 공립학교 직원 퇴직 시스템(Pennsylvania Public School Employees' Retirement System)'에 게시된 '브리지워터 올웨더 자산배분'. https://www.psers.pa.gov/About/Board/Resolutions/Documents/2010/tab35combined.pdf

표 21 >>> 올웨더 자산배분에 따른 자산군별 편입 비중

	경제성장률, 기대이상	경제성장률, 기대이하	물가상승률, 기대이상	물가상승률, 기대이하	비율 합계
주식	6.25%			12.5%	18.75%
미국 국채		12.5%		12.5%	25.00%
회사채	6.25%				6.25%
물가연동 채권		12.5%	8.34%		20.84%
신흥국 채권	6.25%		8.33%		14.58%
원자재/금	6.25%		8.33%		14.58%
위험 분산	25%	25%	25%	25%	

브리지워터의 올웨더 자산배분에 기반해 편입비중과 자산군을 산출해 보면 다음과 같습니다. 미국 주식(VTI) 18.75%, 미국 장기 국채(TLT) 25.00%, 미국 물가연동채권(LTPZ) 20.84%, 미국 회사채(VCLT) 6.25%, 신흥국 채권(EMLC) 14.58%, 원자재(DBC) 7.29%, 금(IAU) 7.29%. 저는 이 포트폴리오를 '올웨더A'라고 부르는데, 올웨더 뒤에 'A'라는 글자를 붙인 이유는 이 자산배분의 비율이 추정치이기 때문입니다.

레이 달리오는 토니 로빈스와의 인터뷰에서 미국의 개인투자자를 위한 올웨더 포트폴리오의 종목과 비율을 언급했는데, 이것을 토니 로빈스가 그의 책《머니》에서 공개해 알려지게 되었습니다. 포트폴리오는 5개 자산으로 이루어져 있는데, 미국 주식(VTI) 30%, 미국 장기 국채(TLT) 40%, 미국 중기 국채(IEF) 15%, 원자재(DBC)

7.5%, 금(IAU) 7.5%입니다. 저는 이 포트폴리오를 앞에서 올웨더A 와 구분하기 위해 올웨더B라고 부르겠습니다. 이 2개의 올웨더는 실제로 브리지워터가 운용하는 올웨더와는 다릅니다. 실제 포트폴리오의 비중은 계속 변하고 있고, 공개되지 않기 때문에 우리가 알 수 없습니다. 다만 올웨더의 투자 철학에 근거해 포트폴리오를 구성했다는 공통점은 있습니다.

2가지 올웨더와 제가 제시한 K-올웨더의 성과를 비교해 보기 위해 백테스트를 수행했습니다. 백테스트 기간은 2000년 1월 31일부터 2023년 1월 31일까지 23년간입니다. 월별 리밸런싱을 기준으로 했으며, 각 ETF가 출시되기 전의 데이터는 기초지수 및 유사지수를 사용하여 외삽(extrapolation)하였고 최대한 정밀성을 높이고자 노력하였습니다.

먼저 [그림 14]를 통해 대략적인 모습을 살펴보겠습니다. 지난 23년간 한국 주식(KOSPI 200 TR)이나 미국 주식(S&P500 TR)은 다양한 부침을 겪으며 성장해왔습니다. 2000년 초 IT 버블 붕괴로 한국 주식은 50% 넘게 하락하며 반 토막이 났습니다. 미국 역시 같은 시기

외삽(Extraploation)은 내삽(Intrapolation)과 반대되는 개념인데요. 흔히 데이터 측정 및 예측 시 사용하는 용어입니다. 내삽은 범위 안에 있는 값을 예측하는 것이고, 외삽은 범위 밖에 있는 값을 예측하는 것, 즉 데이터의 범위 바깥(즉, 측정 구간 범위 이외의 구간)에 대해서 모델링 결과를 적용하여 예측하는 것입니다.

에 IT 버블과 911 테러 등으로 반 토막에 가까운 하락을 겪었습니다. 미국 증시는 이후 상승해 2006~7년 2000년 초반의 주가지수를 회복했으나 얼마 후 글로벌 금융위기로 다시 고점 대비 반 토막이 납니다. 이때 한국을 비롯한 전 세계 증시가 비슷하게 폭락했습니다. 이후 거침없이 상승하던 미국 증시는 2022년 초부터 12개월 가까이 하락했고, 2023년 초 반등하는 모습을 보이기도 했습니다. 2007년 상승의 마지막 시기까지 한국 증시는 미국보다 훨씬 높은 상승을 보였습니다. 하지만 2011년부터 2016년까지 지루한 횡보장을 보였고, 이후 연간 20~25% 수준의 상승과 하락을 반복하고 있

그림 14 〉〉〉 **K-올웨더 성장형과 다른 포트폴리오의 움직임 비교**(2000.1.31~2022.9.30)

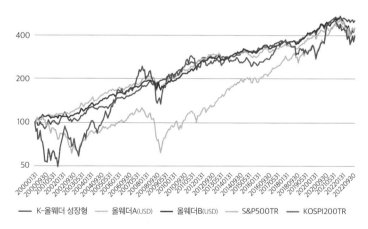

분석 ETF 및 외삽 관련 자료: 미국 주식 VTI(S&P500 TR), 미국 중기 국채 IEF(US 10 YR(QTAA)), 미국 장기 국채 TLT(US 30 YR(QTAA)), 물가연동채권(15+) LTPZ(TIPS), 미국 회사채 VCLT(Bloomberg US Corporate 10+ years Total Return Index), 신흥국 채권 EMLC(T. Rowe Price Emerging Markets Bond Fund), 원자재 DBC(Deutsche Bank DBIQ Optimum Yield Diversified Commodity Index), 금 IAU(ISHARES GOLD TRUST)

습니다. 예측 불가능한 주식에만 투자했다면 이러한 변동성과 깊은 하락, 오랜 기간의 손실 구간 등을 겪어야 했을 겁니다. 하지만 [그림 14]에서 올웨더A, B나 K-올웨더의 움직임을 보면 주식 시장에 비해 상대적으로 평온하게 상승해왔다는 것을 알 수 있습니다. 이런 것이 자산배분 투자의 장점입니다. 시장 상황에 크게 구애받지 않고, 평화롭게 투자할 수 있다는 것, 그리고 그 덕분에 장기투자가 가능해지고 꾸준히 수익을 창출할 수 있는 것입니다.

이번에는 [표 22]에 나오는 구체적인 수치를 통해서 비교해 보겠습니다. 23년간 한국 주식이나 미국 주식의 연평균 수익률은 6.2~6.8%였습니다. 변동성은 20% 전후였고, 최대 낙폭은 50%가 넘어갑니다. 운 나쁜 시점에 투자를 시작했다면 6년(68~73개월) 가까운 시기를 마이너스 잔고로 버텨야 했습니다.

반면 다양한 자산배분 포트폴리오들은 비슷하거나 더 나은 수익률을 보이면서도 위험은 매우 낮았습니다. 변동성은 1/2~1/3 수준이고, 최대 낙폭 역시 1/3 수준으로 줄어듭니다. 손실 최장기간 역시 70개월에서 20개월 전후로 줄어들었습니다. 위험 대비 수익 관점에서도 자산배분 포트폴리오의 성과는 주식에만 투자하는 것보다 월등하게 우수합니다.

자산배분 모형 간의 차이점도 살펴보겠습니다. 올웨더 이름 뒤에 USD나 KRW 표시를 한 것은 올웨더A, B가 달러로 투자하는 포트폴리오이기 때문입니다. USD는 달러로 투자해 계속 달러로 가져갈

표 22 〉〉〉 **K-올웨더, 올웨더A, 올웨더B의 백테스트 성과 분석(2000.01.31~2023.01.31)**

	K-올웨더 성장형	올웨더A (USD)	올웨더B (USD)	올웨더A (KRW)	올웨더B (KRW)	S&P 500TR	KOSPI 200TR
기간 수익률	409%	303%	350%	342%	393%	353%	296%
연수익률	7.3%	6.2%	6.8%	6.7%	7.2%	6.8%	6.2%
연변동성	7.5%	8.7%	7.6%	9.7%	10.0%	15.6%	21.9%
최대낙폭	13%	24%	22%	15%	15%	51%	51%
손실 최장기간	19	25	26	26	33	73	68
손실 고통크기	1.45	1.85	1.73	1.68	2.85	15.62	13.32
샤프비율	0.58	0.38	0.49	0.38	0.42	0.24	0.14
김씨비율	0.32	0.14	0.17	0.24	0.27	0.07	0.06

사람들을 위한 성과 분석이고, KRW은 원화로 바꿔 써야 하는 투자자를 위한 원화 환산 성과입니다.

먼저 연수익률을 비교해 보면 K-올웨더(7.3%)가 다른 올웨더에 비해 비슷하거나(6.2~7.2%) 1%포인트 이상 높습니다. 변동성 역시 K-올웨더(7.5%)가 가장 낮게 나옵니다. 최대 낙폭 역시 K-올웨더가 13%로 가장 양호합니다. 최대 낙폭 부분을 자세히 들여다보면 USD 투자 올웨더A는 24%인데 KRW 투자 올웨더A는 15%로, 낙폭에 차이를 보입니다(올웨더B도 비슷합니다). 기준 화폐에 따라 이런 차이가 발생하는 이유는 주식 시장이 급락하는 등 금융 시장 상황이 나빠질 때 달러원 환율이 상승하기 때문입니다. K-올웨더의 성과가 다른 올웨더들보다 좋은 이유 중에 하나가 바로 이 부분입니다. K-올웨더는 자산분산, 지역분산뿐 아니라 통화분산 역시 적극적으로 반영했습니다. 그런 이유로 위험을 더 낮출 수 있던 것입니다.

자산배분 핵심은 자산간 상관관계라고 말씀드렸습니다. [표 23]은 K-올웨더와 올웨더A, B를 구성하는 자산들의 상관관계를 분석한 것입니다. 자산 간 상관관계는 +1에서 −1의 값을 갖는데, +1에 가까울수록 비슷하게 움직이며 짙은 분홍색으로 표기되어 있습니다. 반대로 −1에 가까울수록 서로 반대로 움직이며 진한 회색으로 나옵니다. 0에 가까울수록 서로 상관없이 움직이는 것으로, 흰색에 가깝게 나옵니다.

올웨더B부터 보면 IEF(미국 중기 국채)와 TLT(미국 장기 국채)의 상관관계가 0.91로 매우 높게 나옵니다. 즉 이 두 자산은 서로 매우 비슷하게 움직인다는 의미입니다. 그런데 이 두 자산에 할당한 배분 비중은 45%(TLT 40%, IEF 15%)나 됩니다. 특정 자산에 투자금의 절반 가까이 할당하게 되는 것은 위험한 상황을 초래할 수 있는데, 그 자산이 급락하는 경우에 포트폴리오가 그 충격을 고스란히 받게 되기 때문입니다. 2022년처럼 국채의 가격 하락이 큰 경우가 대표적인 사례가 됩니다. 2022년의 성과를 보면 올웨더B(USD)는 한 해 동안 −19.7%가 하락했습니다. 이는 미국 주식 하락폭(−18.1%)보다 크며 한국 주식 하락폭(−24.0%)과도 비교될 수준입니다. 같은 기간 K-올웨더의 하락폭은 성장형(−9.6%), 중립형(−7.7%), 안정형(−5.2%)

표 23 〉〉〉 K-올웨더와 올웨더A, B의 자산 간 상관관계 분석

K-올웨더: 구성 자산 간 상관관계

	KOSPI 200 TR	S&P500 TR(UH)	금(UH)	국고채 10년	미국채 10년(UH)	현금성 자산
KOSPI 200 TR	1.00	0.43	-0.11	-0.05	-0.45	-0.12
S&P500 TR(UH)	0.43	1.00	-0.04	-0.19	0.03	-0.19
금(UH)	-0.11	-0.04	1.00	0.03	0.44	0.08
국고채10년	-0.05	-0.19	0.03	1.00	0.01	0.31
미국채10년(UH)	-0.45	0.03	0.44	0.01	1.00	0.13
현금성 자산	-0.12	-0.19	0.08	0.31	0.13	1.00

올웨더A: 구성 자산 간 상관관계

	VTI	TLT	LTPZ	VCLT	EMLC	DBC	IAU
VTI	1.00	-0.19	0.17	0.34	0.56	0.43	0.06
TLT	-0.19	1.00	0.67	0.66	0.07	-0.27	0.20
LTPZ	0.17	0.67	1.00	0.71	0.41	0.14	0.40
VCLT	0.34	0.66	0.71	1.00	0.56	0.13	0.27
EMLC	0.56	0.07	0.41	0.56	1.00	0.43	0.41
DBC	0.43	-0.27	0.14	0.13	0.43	1.00	0.35
IAU	0.06	0.20	0.40	0.27	0.41	0.35	1.00

올웨더B: 구성 자산 간 상관관계

	VTI	IEF	TLT	DBC	IAU
VTI	1.00	-0.22	-0.19	0.43	0.06
IEF	-0.22	1.00	0.91	-0.21	0.28
TLT	-0.19	0.91	1.00	-0.27	0.20
DBC	0.43	-0.21	-0.27	1.00	0.35
IAU	0.06	0.28	0.20	0.35	1.00

으로 상대적으로 매우 양호하다 할 수 있습니다.

올웨더A의 경우 올웨더B에 비해 더 여러 자산에 분산되어 있습니다. 하지만 K-올웨더와 비교했을 때 구성 자산 간 상관관계는 훨씬 높은 편입니다. 2022년 올웨더A(USD)의 성과는 -20.4% 하락으로 올웨더B(USD)보다 더 낮습니다. 23년간의 연수익률은 6.2%로 올웨더B(6.8%)보다 낮으며 K-올웨더 성장형(7.3%)보다 1%포인트 이상 낮습니다. 변동성이나 최대 낙폭 등의 지표 역시 상대적으로 나쁘게 나옵니다.

포트폴리오 혹은 전략 간의 성과를 비교할 때는 장기 성과를 비교하는 것에 그치지 않고 단기 성과도 비교해 보는 게 좋습니다. 수십 년간의 성과가 좋다 하더라도 투자자가 실제로 투자하는 단위 기간은 매우 짧기 때문입니다. [표 24]의 내용은 연초에 투자해 연말에 성과를 측정했다고 가정했을 때의 수치입니다. 손실 난 경우가 많을수록 투자자가 느끼는 스트레스는 심해지고 장기 성과가 좋다고 해도 실제로 장기로 투자하기가 어려워집니다. 연 단위 수익률의 평균값은 5~7% 수준이지만, 손실 확률로 보면 차이가 크게 발생합니다. 손실 발생 시의 손실 크기도 2배 이상 차이가 발생합니다. 연 단위 성과로 봤을 때도 K-올웨더가 올웨더A, B보다 성과의 편차가 낮고 손실 크기도 낮다는 것을 알 수 있습니다.

표 24 >>> 각 올웨더 포트폴리오의 연 단위 수익률

date	K-올웨더 성장형	K-올웨더 중립형	K-올웨더 안정형	올웨더A (USD)	올웨더B (USD)	올웨더A (KRW)	올웨더B (KRW)
2000-12-31	-3.8%	-1.9%	0.2%	12.0%	10.6%	26.1%	24.5%
2001-12-31	12.4%	11.3%	9.8%	1.7%	-1.0%	5.7%	2.9%
2002-12-31	-3.1%	-1.8%	-0.2%	7.9%	4.6%	-2.6%	-5.5%
2003-12-31	20.5%	17.7%	14.1%	13.7%	13.5%	14.3%	14.1%
2004-12-31	2.1%	2.3%	2.7%	12.4%	11.1%	-2.5%	-3.6%
2005-12-31	13.7%	11.9%	9.7%	7.0%	9.4%	4.5%	6.9%
2006-12-31	5.6%	5.3%	4.9%	6.2%	8.1%	-2.4%	-0.7%
2007-12-31	16.4%	14.4%	11.8%	13.0%	12.0%	13.7%	12.8%
2008-12-31	3.2%	3.9%	4.4%	-8.6%	-0.3%	23.0%	34.2%
2009-12-31	17.4%	14.8%	11.7%	10.0%	0.5%	1.7%	-7.1%
2010-12-31	16.4%	14.0%	11.1%	13.9%	14.4%	11.0%	11.5%
2011-12-31	5.3%	5.0%	4.5%	15.3%	17.2%	17.0%	19.0%
2012-12-31	5.1%	4.8%	4.4%	10.5%	7.8%	2.7%	0.2%
2013-12-31	0.4%	0.7%	1.2%	-6.8%	-0.6%	-8.1%	-2.0%
2014-12-31	6.2%	5.7%	4.9%	10.5%	13.0%	15.1%	17.7%

2015-12-31	4.2%	3.8%	3.3%	-7.3%	-2.9%	-1.1%	3.6%
2016-12-31	9.4%	8.1%	6.4%	9.0%	6.9%	12.2%	10.1%
2017-12-31	6.0%	5.2%	4.2%	12.2%	11.7%	-0.5%	-1.0%
2018-12-31	-2.1%	-1.4%	-0.6%	-4.9%	-2.6%	-0.9%	1.5%
2019-12-31	18.5%	15.6%	12.0%	18.5%	18.8%	22.8%	23.1%
2020-12-31	15.7%	13.2%	10.2%	17.0%	17.7%	9.9%	10.6%
2021-12-31	11.4%	9.6%	7.3%	5.7%	7.5%	15.7%	17.6%
2022-12-31	-9.6%	-7.7%	-5.2%	-20.4%	-19.7%	-15.4%	-14.6%
2023-01-31	4.0%	3.4%	2.6%	5.8%	6.2%	3.1%	3.4%

연단위 수익률	K-올웨더 성장형	K-올웨더 중립형	K-올웨더 안정형	올웨더A (USD)	올웨더B (USD)	올웨더A (KRW)	올웨더B (KRW)
평균값	7.3%	6.6%	5.6%	6.4%	6.8%	6.9%	7.5%
중간값	5.8%	5.2%	4.7%	9.5%	7.9%	5.1%	5.3%
최소값	-9.6%	-7.7%	-5.2%	-20.4%	-19.7%	-15.4%	-14.6%
손실확률	17%	17%	13%	21%	25%	33%	29%

7장

증권계좌 만들고
투자 시작하기

아이를 위한 자산배분 포트폴리오를 운용하려면 ETF 상품을 매매해야 하기 때문에 증권계좌가 필요합니다. 계좌를 만드는 방법은 크게 두 가지 있습니다. 첫 번째는 부모 명의로 증권계좌를 만들어 아이 자금을 관리하는 것이고, 두 번째는 아이 명의로 계좌를 만들어 증여를 해주는 방식입니다.

두 가지 방법은 각기 장단점이 있습니다. 첫 번째 방법은 계좌를 개설하고 관리하기가 편리합니다. 성인은 비대면 계좌 개설이 가능하므로 필요하면 언제든 계좌를 만들 수 있고 매매수수료도 매우 낮습니다. 비대면 개설 계좌에 대해서는 매매수수료 무료 이벤트를 하는 증권사도 많습니다. 어린 자녀는 가입할 수 없는 ISA 계좌를 이용해 절세와 분리과세 효과를 이용할 수도 있습니다. 다만, 부모 자금과 아이 자금이 섞일 수 있기 때문에 주의해야 합니다.

한편, 아이 명의로 계좌를 개설할 경우의 장점은 증여공제를 이용해 비과세 증여를 해줄 수 있다는 것입니다. 아이가 성인이 될 때까지 총 9천만 원을 증여하며 세금을 내지 않을 수 있다는 것은 큰 장점이죠. 어느 방법이 더 나은지에 대한 정답은 없습니다. 다만, 목돈을 미리 물려주고자 한다면 다소 번거로운 과정을 거치더라도 아이 명의로 계좌를 만드는 게 세금 관점에서 나아 보입니다. 반대로 당장 물려줄 금액이 크지 않은 경우는 부모 계좌로 운용을 시작하는 것도 방법입니다. 두 가지 계좌 개설 방법에 대해 모두 상세히 알려드리니 본인의 상황에 맞게 활용하시기 바랍니다.

부모 명의
증권계좌 만들기

처음 자전거를 배울 때 자전거의 구성부품과 작동원리까지 모두 공부하고 이해한 후 타지는 않습니다. 페달을 밟고, 핸들과 브레이크 조정법을 알면 일단 타면서 배웁니다. 자주 타다 보면 요령이 생기고, 자전거에 대한 이해가 넓어집니다. 투자 역시 모든 것을 완벽히 알고 시작할 수는 없습니다. 투자를 실천하면서 배우는 면이 더 큽니다. 처음 보는 낯선 용어들이 어색하고 어려울 수 있습니다. 모두가 마찬가지니 스트레스 받을 필요는 없습니다. 자전거를 타듯이 이제 실제 투자의 첫 단계를 시작해 보겠습니다. 증권계좌가 있는 경우 기존의 계좌를 이용해 거래하면 됩니다. 증권계좌가 없는 경우 다음의 절차에 따라 신규로 계좌를 개설합니다.

1. 증권사 선택하기

앞서 추천해 드린 ETF 상품은 모든 증권사에서 거래가 가능합니다. 따라서 증권사 선택은 신뢰도가 높고 전산시스템이 잘 되어 있고 매매수수료가 저렴한 곳이면 어디든 괜찮습니다. 감독기관의 관리 등으로 대부분의 전산시스템은 상향 평준화되어 있습니다. 다만 중소형 증권사보다는 대형사가 상대적으로 안정적일 수 있습니다. 특히 증권사별로 계좌 개설 방법, 매매 방법에 따라 매매수수료가 크게 차이 나기 때문에 반드시 사전에 확인해야 합니다. 매매수수료란 ETF나 주식을 사고 팔 때 증권사에 지불하는 비용으로 거래금액에 따라 지불됩니다. 거래수수료는 계좌 개설 방법과 거래 방법에 따라 다르지만, 가장 저렴한 방법은 각 증권사 앱을 이용해 비대면으로 가입하는 것입니다.

현재 증권사별 ETF 거래수수료는 0.013%가 가장 낮은 수준이고, 비싼 곳은 0.5% 수준으로 35배 이상 차이가 나니 계좌를 만들기 전 반드시 확인해야 합니다. 통상 오프라인/영업점 개설인 경우가 온라인/비대면 개설보다 수수료가 비싸고, 모바일(MTS)이 HTS/WTS보다 저렴한 경우가 많습니다. 즉 비대면으로 개설하고 모바일로 매매하는 것이 수수료 측면에서 가장 유리합니다. 많은 증권사들이 신규 고객, 휴면 고객 대상으로 수수료 무료 혜택을 주는 이벤트를 하기도 하니 사전에 꼭 조사해 보시기 바랍니다.

2. 비대면으로 계좌 개설하기

오프라인 개설은 증권사 영업점에 직접 방문하여 개설하는 것을 말합니다. 모바일이나 인터넷 사용이 불편한 분들이 이런 방식으로 개설하는데 매매수수료가 매우 비싸기 때문에 되도록 비대면으로 계좌를 개설하는 게 좋습니다.

비대면으로 계좌를 개설하려면, 스마트폰에 증권사별 앱을 설치해야 합니다. 이때 준비물로 신분증(주민등록증 혹은 운전면허증)이 있어야 되며, 이체 가능한 본인 명의 타금융사의 계좌번호를 알고 있어야 합니다. 비대면 개설 순서는 일반적으로 '본인 확인' → '신분증 확인' → '임시계좌 신청' → '기존계좌 확인' → 'ID·비밀번호 등록(선택)' 등으로 진행됩니다.

증권사에 따라 계좌를 개설하는 방법이 다소 다릅니다. 또한 개설 절차가 수시로 변경될 수 있어 주요 증권사별 계좌 개설 안내 홈

HTS(홈 트레이딩 시스템, Home Trading System)란 개인 컴퓨터에 증권사가 제공하는 프로그램을 설치해 매매하는 것을 말하고, MTS(Mobile Trading System)은 스마트폰 등 모바일 기기에 앱(App)을 설치해서 매매하는 것입니다. 증권사 홈페이지에서 직접 매매하는 경우를 WTS(Web Trading System, 웹 트레이딩 시스템)라고 부르기도 합니다.

페이지와 유튜브 영상 링크를 QR 코드로 정리하였습니다. 계좌를 만들고 싶은 증권사 QR 코드를 찍으면 해당 내용으로 연결됩니다. [표 25]에 조사된 ETF 거래수수료는 수시로 변경 가능하니 가입 시

표 25 〉〉〉 **주요 증권사별 계좌 개설 방법 및 ETF 거래수수료**
[2023년 2월 말 기준, 거래수수료는 소수점 4자리 반올림 표기]

증권사	계좌 개설 홈페이지	계좌 개설 설명영상	ETF 거래수수료 (개설방법, 거래채널, 금액별)
키움증권			MTS: 0.015% HTS: 0.015%
삼성증권			오프라인: 0.497%(~2억 원) HTS/MTS: 0.147%+1,500원(~1천만 원)
미래에셋 증권			오프라인 개설시 -오프라인: 0.49%, HTS/MTS: 0.14% 온라인 개설시 -오프라인: 0.49%, HTS/MTS: 0.014%
NH투자 증권			오프라인: 0.497%(~2억 원) HTS: 0.499%(~50만 원) MTS: 0.197%+500원(~2백만 원)
KB증권			오프라인: 0.498%(~2억 원) HTS: 0.158%+1,000원(~1천만 원) MTS: 0.198% 제휴은행 개설(HTS: 0.015%, MTS: 0.12%)
한국투자 증권			비대면(MTS/HTS): 0.015% 제휴은행 개설(MTS/HTS): 0.015% 영업점 개설: MTS/HTS 0.498% (~50만 원), 오프라인 0.498%(~2억 원)

점이나 매매 시점 기준으로 꼭 확인하시기 바랍니다.

3. 증권사로 입금하기

증권사에 계좌를 만든 후 해당 계좌로 투자할 자금을 입금합니다. 은행 등 금융회사의 영업점, 인터넷뱅킹, 모바일 등의 모든 매체에서 상대은행으로 본인의 증권사를 선택하고, 증권계좌번호를 입력하고 송금합니다.

4. 모바일에서 ETF 매매하기

이제 투자할 자금을 입금하였으니 ETF를 매매하면 됩니다. 증권사별로 앱 구성이 다르니 본인이 선택한 증권사 앱의 메뉴를 확인하여 매매합니다. 일부 증권사의 경우 유튜브 등 동영상으로 매매 방법을 안내하고 있으니 참고하세요. 증권사별 매매 방법 영상 링크는 [표 26]과 같습니다.

표 26 》》 **증권사별 매매 방법 영상 링크**

증권사	매매 방법 영상링크	증권사	매매 방법 영상링크
삼성증권		미래에셋증권	
NH투자증권		키움증권	

그림 15 ⟫⟫ 증권사 앱을 통한 매매 화면 예시

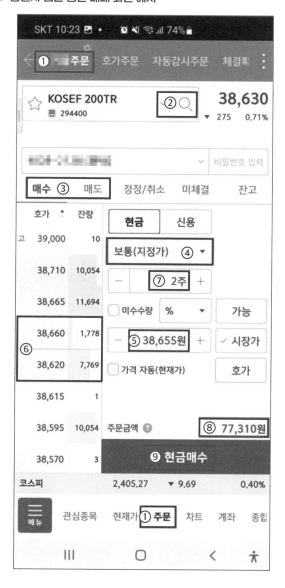

그림 15 ⟫⟫ 증권사 앱을 통한 매매 화면 예시

① 먼저 각 증권사 앱에서 주문하기 메뉴를 선택합니다.

② 검색 기능을 이용해 종목을 선택합니다.

③ 매수 메뉴를 선택합니다.

④ 주문 종류를 선택합니다. 일반적으로 지정가와 시장가를 가장 많이 사용합니다.

- '지정가' 주문은 지정한 가격 또는 그 가격보다 유리한 가격으로 매매 체결을 원할 경우에 사용하는 방식입니다. 지정가 주문은 지정한 가격보다 불리한 가격으로는 체결되지 않는 점에서 투자자에게 유리하나, 주문 낸 가격에 매매를 원하는 상대방이 없을 때는 매매가 체결되지 않는 단점이 있습니다.

- '시장가' 주문은 현 시점에서 가장 유리한 가격 또는 시장에서 형성되는 가격으로 매매 체결을 원할 때 사용합니다. 따라서 종목과 수량은 지정하되 가격은 지정하지 않습니다. 시장가 주문은 매매가 신속히 이루어지는 장점이 있으나, 거래량이 부족할 경우 가격이 급변할 가능성이 있습니다.

- ETF는 기본적으로 유동성공급자 제도가 있어 일정 정도 이상의 유동성을 공급해주어 상대적으로 안전하지만, 일반 주식 종목의 경우 주문 방식에 따라 매매가 안 되거나, 예상치 못한 가격대로 매매될 위험이 있으니 주의해야 합니다. ETF 종목을 고를 때도 거래량과 시가총액 등을 살펴서 선택해야 합니다. 매매 진행 시 불리한 점을 최소화하기 위해서입니다.

- 주문 종류에는 조건부지정가, 최유리지정가, 최우선지정가, 보통(IOC), 시장가(IOC), 최유리지정가(IOC), 보통(FOK), 시장가(FOK), 최유리지정가(FOK) 등 다양한 방법이 있으나 ETF 거래는 매매를 빈번하게 하지 않아 크게 사용할 일은 없

으니 관심이 생기면 해당 증권사의 공지사항 등을 통해 참고하시면 됩니다.

• 참고로 저의 경우, ETF 한 종목을 얼마에 매매하느냐가 목적이 아니라 오늘 기준으로 해당 종목에 몇 퍼센트의 자산을 배분할 것이냐가 중요하기 때문에 시장가 주문을 자주 사용합니다.

⑤ 가격을 지정할 때는 ⑥ 호가창을 참고하면 됩니다.

⑥ 호가창은 시장 참가자들이 이 종목을 얼마에 매수/매도하고자 하는지를 보여줍니다. 좌측에는 선호하는 가격(호가)이 있고, 우측에는 매매를 원하는 수량(잔량)이 있습니다. 위쪽에는 매도하고자 하는 이들의 물량이 있고, 아래쪽에는 매수하고자 하는 물량이 있습니다. KOSEF 200TR ETF는 예시로 든 38,660원에 매도하고자 하는 수량이 1,778주 있고, 38,620원에 매수하고자 하는 수량이 7,769주 있습니다. ⑤와 같이 38,655원을 매수 가격으로 지정하면 가장 낮은 매도호가(38,660원)보다 낮은 가격이기 때문에 바로 매수되지 않으며 누군가 그 가격에 매도를 할 때까지 기다려야 합니다. 시장가 주문을 선택하면 가격을 입력하지 않아도 되며 1좌당 38,660원으로 매수 체결됩니다.

⑦ 매매하고자 하는 수량을 입력합니다.

⑧ 수량과 주당 단가를 곱한 주문금액이 계산됩니다.

⑨ 현금매수 버튼을 눌러 매수 주문을 보냅니다.

중립형 포트폴리오로 100만 원을 투자한다고 가정했을 때 실제로 몇 좌나 매매해야 하는지 계산해 보겠습니다. K-올웨더로 투자할 경우 각 ETF별 배분(보유) 비중은 앞서 말씀드렸습니다. [표 27]을 참고하셔도 됩니다. 한국 주식(KOSEF200TR) ETF에는 20%를 할당해야 하니 목표 매수 금액은 200,000원입니다. 목표 금액을 KOSEF200TR 1좌당 가격인 38,660원으로 나누면 5.2좌가 계산되는데 소수점 이하는 버리고 5좌를 매수하면 됩니다. 매수 후 잔고는 200,000원에 못 미친 193,300원이 됩니다. 정확히 소수점까지 매매

표 27 》》 **K-올웨더 중립형으로 100만 원으로 시작할 때**

종목명	목표 배분비중	목표 보유금액	1좌당 가격	목표 보유 좌수	실제 매수 좌수	매수 후 잔고
한국 주식 (KOSEF 200TR)	20%	200,000	38,660	5.2	5.0	193,300
미국 주식(UH) (ACE 미국S&P500)	20%	200,000	12,975	15.4	15.0	194,625
금(UH) (ACE KRX금현물)	16%	160,000	11,810	13.5	13.0	153,530
한국 국채 (ACE 국고채10년)	12%	120,000	88,835	1.4	1.0	88,835
미국 국채(UH) (KODEX 미국채10년 선물)	12%	120,000	11,425	10.5	10.0	114,250
현금성자산 (TIGER CD금리투자 KIS(합성))	20%	200,000	52,110	3.8	3.0	156,330
현금 잔고		0				99,130
합계	100%	1,000,000				1,000,000

하는 것은 불가능하니 나머지는 현금 잔고로 보유하게 됩니다. 이런 식으로 전체 종목을 매매하면 최종으로 900,870원으로 ETF를 매수하고 현금 잔액이 99,130원이 남습니다. 현금 잔액은 매매 시 반드시 발생할 수밖에 없습니다. 이 잔고는 그냥 현금으로 있는 것은 아니고, CMA 계좌인 경우 CMA 이자를 주고, 일반 위탁 계좌인 경우 증권사에서 예탁금이용료라는 이자를 제공합니다.

아이 명의
증권계좌 만들기

성인의 경우, 대부분의 증권사에서 비대면으로 계좌 개설을 할 수 있지만 미성년 자녀의 경우는 지금까지 비대면 계좌 개설이 불가능했습니다. 그런데 2023년 4월, 금융위원회가 법정대리권을 가진 부모가 비대면 방식으로 자녀 명의의 계좌를 개설할 수 있도록 '비대면 실명확인 가이드라인'을 개편하면서 이제 미성년 자녀의 비대면 계좌 개설도 가능해졌습니다. 다만, 제도적으로 가능하다 해도 증권사별로 전산 개발 등의 추가 일정이 소요됩니다. 2023년 하반기에서 2024년 상반기가 되면 많은 증권사에서 이 서비스를 지원할 것으로 예상되니 증권사별 매매수수료 등을 비교해 선택하면 됩니다.

미성년 자녀 증권계좌 개설 시 대면으로 계좌 개설을 할 경우 증권사 영업점에 방문하는 방법과 증권사와 제휴된 은행을 이용하는 방법이 있습니다. 은행은 증권사 계좌 개설 업무를 지원해주는데 증권사에 비해 은행 지점이 많기 때문에 방문하기 수월하다는 장점이 있습니다. 또한 대면 방식 중 제휴은행 개설 계좌의 매매수수료가 저렴한 증권사도 많습니다. 많은 증권사가 제휴은행에서 미성년 자녀의 증권계좌 개설이 가능하지만 삼성증권과 미래에셋증권 등 몇 곳은 불가능합니다. 자세한 사항을 알고 싶다면 해당 증권사 홈페이지나 고객센터에 사전에 문의해야 합니다.

1. 미성년 자녀 계좌를 제휴은행에서 개설이 가능한가요?

1.1. (가능하다면) 어느 은행인가요?

1.2. (가능하다면) 은행 개설과 영업점 개설 계좌의 ETF 매매수수료는 얼마인가요?

답변 예시	• 미성년자의 경우 비대면 계좌 개설(온라인) 및 제휴은행(시중은행)을 통한 계좌 개설은 불가합니다. • 영업점 방문 계좌 개설만 가능하며 법정대리인이 필요 서류를 지참하신 후 내점하여 개설하시면 됩니다.

매매수수료	• 키움증권 : HTS/모바일 0.015%, ARS 0.15%
	• 한국투자증권
	 - 은행 개설 시: HTS/모바일 0.0146527%, ARS 0.2471487%
	 - 영업점 개설 시: 오프라인 0.4972%(2억 원 이하),
	   HTS/모바일: 0.4977177%(~50만 원), ARS 0.2471487%
	• KB증권
	 - 은행 개설 시: HTS: 0.015%, 모바일 0.12%, 오프라인 0.4%
	 - 영업점 개설 시: 오프라인 0.4978%(2억 원 이하),
	   HTS: 0.1578%+1,000원(~1000만 원), 모바일: 0.1978%
	• NH투자증권
	 - 은행 개설 시: 온라인 0.1491639%, 오프라인 0.4991639%
	 - 영업점 개설 시: 오프라인 0.4972%(2억 원 이하),
	   HTS: 0.4991639%(~50만 원), 모바일: 0.197%+500원(~2백만 원)

1.3. (불가능하다면) 영업점 위치와 매매수수료는 얼마인가요?

답변 예시	• 미성년자의 경우 비대면 계좌 개설(온라인) 및 제휴은행(시중은행)을 통한 계좌 개설은 불가합니다. • 영업점 방문 계좌 개설만 가능하며 법정대리인이 필요 서류를 지참하신 후 내점하여 개설하시면 됩니다.
매매수수료	• 미래에셋증권: 오프라인 0.49%, 온라인 0.14% • 삼성증권: 오프라인 0.497216%(2억 원 이하), 온라인 0.497216%(50만 원 미만), 0.147216%+1,500원 (1천만 원 미만)

2. 계좌 개설 시 필요서류는 무엇인가요?

답변 예시	• 가족관계증명서(영업점 방문 대리인 기준으로 발급) • 기본증명서(미성년자명의로 발급) : 기본증명서(상세) 또는 기본증명서(특정-친권*후견) • 법정대리인 실명확인증표(주민등록증, 운전면허증) • 거래도장(명의자 상관없음, 서명불가) (※ 모든 서류의 경우 주민등록번호가 모두 표기되어 있어야 하며 유효기간은 발급일로부터 3개월 이내 서류만 제출 가능합니다.)

3. 계좌 개설 후 거래 방법은 무엇인가요?

답변 예시	• 지점 내점 시 미성년자 명의 보안매체를 발급하신 후 미성년자 명의 공동인증서 발급을 하셔야 온라인 거래가 가능합니다. • 내점한 부모님 한 분을 사이버주문대리인으로 등록요청하시면 신청한 계좌에서 미성년자 계좌 주문접수가 가능합니다. (※ 다만 이체 거래는 미성년자 본인명의 보안매체 및 공동인증서가 필요합니다.)

소액 적립식으로
자산배분 투자하기

계좌를 만들었다면 이제 매달 일정액을 이체해 ETF를 매매할 수 있습니다. 그런데 납입 금액이 적을 경우 한 번에 모든 ETF를 매수할 수는 없습니다. 그럴 때는 납입할 때마다 비중을 맞춰가면 됩니다. 예를 들어 설명하겠습니다. [표 28]은 K-올웨더 중립형을 적립식으로 매달 30만 원씩 투자하는 경우입니다. 1월 20일 처음 30만원을 납입했을 때 한국 주식 비중이 20%이니 60,000원을 KOSEF 200TR에 할당합니다. 1좌당 가격이 38,660원이니 1좌를 매수할 수 있습니다. 이런 식으로 나머지 ETF들도 매수를 진행하면 되는데, 한국 국채의 경우 할당된 자금은 36,000원인데 ACE 국고채10년 ETF의 단가가 88,835원이라서 1좌도 사지 못합니다. 포트폴리오 입장에서는 약간의 미완성이지만 괜찮습니다. 현금 잔고로 남겨두고 다음 달로 넘어갑니다.

다음 달인 2월 20일 종목별 가격이 변합니다. 가격이 상승한 ETF도 있고 하락한 ETF도 있는데, 매수한 좌수에 ETF별 단가를 곱하면 총잔액이 변한 것을 확인할 수 있습니다. 이 경우는 지난달에 매수했던 300,000원이 304,925원이 되었습니다. 이날 추가로 300,000원을 입금하면 총잔고는 604,925가 됩니다. 포트폴리오의 총액이 변했으니 각 ETF별 목표 보유 금액도 변합니다. 한국 주식(KOSEF

표 28 〉〉〉 **적립식 투자 시 추가 매수 방법 사례**

종목명	목표 배분 비중	1월 20일				2월 20일				
		1좌당 가격	목표 보유 금액	실제 매수 좌수	매수후 잔고	1좌당 가격	목표 보유 금액	목표 보유 좌수	실제 매수 좌수	매수후 잔고
한국 주식 (KOSEF 200TR)	20%	38,660	60,000	1.0	38,660	40,000	120,985	3.0	2.0	120,000
미국 주식(UH) (ACE 미국S&P500)	20%	12,975	60,000	4.0	51,900	14,000	120,985	8.0	4.0	112,000
금(UH) (ACE KRX금현물)	16%	11,810	48,000	4.0	47,240	12,000	96,788	8.0	4.0	96,000
한국 국채 (ACE 국고채10년)	12%	88,835	36,000	0.0	-	72,000	72,591	1.0	1.0	72,000
미국 국채(UH) (KODEX 미국채10년선물)	12%	11,425	36,000	3.0	34,275	11,000	72,591	6.0	3.0	66,000
현금성 자산 (TIGER CD금리투자KIS (합성))	20%	52,110	60,000	1.0	52,110	52,110	120,985	2.0	1.0	104,220
현금 잔고					75,815	75,815				34,705
합계	100%		300,000		300,000	304,925	604,925			604,925

200TR)의 목표 배분 비중이 20%이니 120,985(=604,925×20%)원을 보유해야 하며, 이를 1좌당 가격(40,000원)으로 나누면 목표 보유 좌수는 3좌가 됩니다. 지난 1월 20일에 매수한 1좌가 이미 있으니 실제 매수할 좌수는 2좌가 됩니다. 즉 2좌를 추가로 매수해 총 3좌를 보유하면 됩니다. 한국 국채(ACE 국고채10년) 목표 보유금액은 72,591원이 되는데, ETF 단가가 72,000원으로 하락해서 1좌를 매수할 수 있습니다. 지난달에는 매수하지 못했지만 이번 달에 자금이

추가 적립되며 매수할 수 있게 된 것입니다. 이런 식으로 매달 일정 액을 납입하면서 ETF별 비중과 가격을 살펴 부족했던 자산들을 추가 매수하면 됩니다.

자산배분 리밸런싱하는 법

일시매수든 분할매수든 꾸준히 자산배분 투자를 하다 보면 특정 자산의 비중이 유난히 커질 때가 있습니다. 해당 자산의 가격이 급등했거나 혹은 다른 자산들의 가격이 하락하는 경우에 발생합니다. 이런 경우 비중이 커진 자산을 일부 팔아 비중이 작은 자산을 매수하며 처음 목표했던 배분 비중을 맞추어야 합니다. 특정 자산의 비중이 너무 커지거나 작아지면 포트폴리오의 균형이 깨지기 때문입니다.

예를 들어 다리가 4개인 탁자가 있다고 가정해 보겠습니다. 4개의 다리는 길이가 동일하기 때문에 탁자의 표면은 균형을 이루고 탁자 위에 놓인 물건이 미끄러져 떨어지지 않습니다. 그런데 4개 중일부 다리가 길어졌거나 짧아지면 탁자 표면은 기울어지게 되고, 물건을 올려 두지 못하게 돼 탁자의 기능을 잃게 됩니다. 자산배분 포트폴리오 역시 마찬가집니다. 자산별 목표 비중을 정한 이유가 탁자 다리의 길이에 해당합니다. 특정 자산 비중이 너무 커지거나 작아지게 되면 자산배분 포트폴리오의 장점인 안정성이 떨어지게 됩니다.

자산배분 투자 과정에서 비중이 커진 자산을 일부 매도해 비중이 작은 자산을 매수하는 것을 리밸런싱(rebalancing)이라고 합니다. 리밸런싱은 영어 단어 그대로 다시(re) 균형(balance)을 맞추는 행위입니다. 앞서 설명한 소액 적립식의 예시도 리밸런싱의 한 사례입니다. 부족한 한국 국채(ACE 국고채10년)라는 자산을 다음 달 납입한

표 29 〉〉〉 **자산배분 포트폴리오 리밸런싱 방법**

종목명	목표 배분 비중	1월 20일				2월 20일				
		1좌당 가격	목표 보유 금액	실제 매수 좌수	매수 후 잔고	1좌당 가격	목표 보유 금액	목표 보유 좌수	실제 매수 좌수	매수 후 잔고
한국 주식 (KOSEF 200TR)	20%	38,660	1,000,000	25.0	966,500	40,000	1,000,409	25.0	0.0	1,000,000
미국 주식(UH) (ACE 미국S&P500)	20%	12,975	1,000,000	77.0	999,075	14,000	1,000,409	71.0	-6.0	994,000
금(UH) (ACE KRX금현물)	16%	11,810	800,000	67.0	791,270	12,000	800,327	66.0	-1.0	792,000
한국 국채 (ACE 국고채10년)	12%	88,835	600,000	6.0	533,010	72,000	600,245	8.0	2.0	576,000
미국 국채(UH) (KODEX 미국채 10년선물)	12%	11,425	600,000	52.0	594,100	11,000	600,245	54.0	2.0	594,000
현금성 자산 (TIGER CD금리 투자KIS(합성))	20%	52,110	1,000,000	19.0	990,090	52,110	1,000,409	19.0	0.0	990,090
현금 잔고					125,955	125,955				55,955
합계	100%		5,000,000		5,000,000		5,002,045			5,002,045

자금으로 매수하며 높이를 맞춰가는 것이죠.

[표 29]의 내용은 1월 20일 500만 원으로 K-올웨더 중립형 자산 배분을 시작한 사례입니다. 한 달 후인 2월 20일 한국 주식, 미국 주식, 금은 가격이 상승했고, 한국 국채, 미국 국채는 가격이 하락했습니다. ETF별 가격이 달라지며 총잔고가 5,002,045원으로 바뀌었습니다. 잔고 변화는 2,045원(+0.04%)으로 거의 없지만 ETF별 단가가 달라지면서 목표 보유 금액을 채우기 위한 목표 보유 좌수가 바뀝니다. 한국 주식은 기존에 25좌를 보유 중이었는데 이번 달에도 목표 보유 좌수가 25좌이므로 실제 매매할 것이 없습니다. 반면 미국 주식의 경우 단가가 12,975원에서 14,000원으로 상승하면서 목표 보유 좌수가 77좌에서 71좌로 줄어들었습니다. 이 경우 6좌를 매도하여 목표 보유 좌수를 맞춰야 합니다. 같은 식으로 금 역시 1좌를 매도합니다. 이때 매도하여 생긴 현금으로 한국 국채와 미국 국채를 각 2좌씩 추가로 매수하면 됩니다. 이런 식으로 리밸런싱을 해야 원래 목표로 했던 배분 비중을 맞출 수 있게 됩니다.

리밸런싱을 우리말로는 자산 재분배 혹은 재조정이라고도 하는데, 단순히 균형만 맞추는 것은 아닙니다. 리밸런싱 보너스라는 수익을 챙겨 주기도 합니다.

[표 30]은 투자금을 주식과 현금에 50%씩 배분한 경우입니다. 1월 20일 1,000만 원으로 시작했을 때 절반인 500만 원은 주식을 매수하고 나머지 500만 원은 현금으로 둡니다. 한 달이 지난 2월 20

표 30 》》 **리밸런싱 보너스 예시**

	1월 20일	2월 20일	재분배	3월 20일	재분배	4월 20일	재분배
주가지수	2,000	2,200	2,200	1800	1800	2,000	2,000
주식잔고	500.0	550.0	525.0	429.5	477.3	530.3	503.8
현금잔고	500.0	500.0	525.0	525.0	477	477	504
잔고합계	1000.0	1050.0	1050.0	954.5	954.5	1007.6	1007.6

일에 주가지수가 2000에서 2200으로 10% 상승하면 보유했던 주식 500만 원은 10% 상승한 550만 원이 되고, 현금 500만 원과 합하면 포트폴리오의 잔고는 1,050만 원이 됩니다. 이제 주식이 현금보다 50만 원 많아졌으니 원래 목표했던 비중(50%)에 맞추기 위해 주식 25만 원을 매도해 현금을 매수하며 리밸런싱합니다.

이제 포트폴리오의 잔고는 주식과 현금이 각각 525만 원이 되었습니다. 다시 한 달이 지난 3월 20일 주가지수가 2200에서 1800으로 하락하면 보유 중인 주식 525만 원도 429.5만 원($=525 \times 1800 \div 2200$)이 됩니다. 현금 잔고가 525만 원으로 주식 잔고(429.5만원)보다 크니 차이나는 금액 95.5만 원의 절반인 47.7만 원만큼 현금으로 주식을 추가 매수합니다. 4월 20일 주가는 전달보다 11% 상승해 투자를 처음 시작하던 때와 같은 2000이 됐습니다. 477.3만 원이던 주식은 530.3만 원이 되고, 현금 477만 원과 합한 포트폴리오의 잔고는 1,007.6만 원이 됩니다.

투자한 3개월간 현금은 가격 변화 없이 그대로였고, 주가지수는 처음 2000에서 상승과 하락을 거쳐 다시 원래와 같은 2000으로 돌아왔습니다. 리밸런싱을 하지 않았다면 포트폴리오 잔고는 여전히 1,000만 원일 것입니다. 하지만 실제 포트폴리오 잔고는 단순히 주식, 현금 간 리밸런싱만으로 7.7만 원이 증가했습니다. 이 7.7만 원의 수익을 리밸런싱 보너스라고 부릅니다. 리밸런싱 하지 않았다면 생기지 않았을 수익이니까 '보너스'라고 표현하는 것이죠. 주가 변동성이 더 컸다면 리밸런싱 보너스는 더 커집니다. 변동성이 커진 시장에서도 자산배분 투자자는 리밸런싱을 통해 보너스를 챙길 수 있습니다. 결국 리밸런싱이 변동성을 내 편으로 만들어 주는 것이죠.

리밸런싱을 언제 하는 게 좋은지, 얼마나 자주 하는 게 좋은지에 대해서는 일반적으로 납득할 만한 연구 성과는 없습니다. 다만 리밸런싱을 할 때 매매 비용이 발생하니 비용을 고려해야 하고, 안 하는 것보다는 자주 하는 것이 낫다는 정도만이 알려져 있습니다. 초장기로 운용하는 자녀를 위한 계좌의 경우, 적립식으로 자금을 납입할 때마다 한 번씩 해주면 좋을 것입니다. 따로 리밸런싱을 위한 매매를 하는 것은 번거로움이 너무 크니까요. 일시 매수한 경우라면 1~3개월에 한 번 정도 하면 좋습니다. 자산 가격이 급등했다거나 폭락했다는 뉴스를 접했을 때도 해주셔도 좋습니다. 다만, 민감하게 자주 할 필요는 없습니다.

8장

증여
신고하기

아이 계좌에 입금하면
증여 신고는 꼭 하세요

아이 명의 계좌를 만들었으면 투자할 자금을 입금합니다. 이처럼 무상으로 자산이 옮겨가는 경우를 세법상 증여라고 하고, 이는 증여세 부과 대상입니다(용돈 등 일상적인 생활비로 인정되는 금액은 증여세를 따로 부과하지 않습니다).

조건에 따라 증여세를 내지 않을 수도 있습니다. 이는 증여재산 공제라는 제도 때문에 가능한데, 증여자(부모님)가 미성년 자녀(직계존속인 수증자)에게 2천만 원까지는 증여세를 내지 않습니다. 성년 자녀인 경우는 5천만 원까지 증여재산공제가 적용됩니다. 다만, 증여재산 공제 한도는 수증자(자녀) 기준으로 10년간 누적됩니다. 따라서 10년 단위로 증여 한도가 갱신됩니다. 즉, 아이가 태어나자마자 2천만 원, 10년 후 2천만 원, 20년 후 성인이 될 때 5천만 원을 증여 하면 증여세를 내지 않고 총 9천만 원을 증여할 수 있습니다.

그런데 증여세를 안 내더라도 증여 신고는 반드시 해야 합니다. 증여세 신고를 하지 않는다면 자녀 명의 통장이 부모의 차명계좌로 의심받을 수도 있기 때문입니다. 증여세 신고는 증여를 한 뒤 3개월 이내에 해야 합니다. 증여를 신고할 당시의 잔고 기준으로 비과세 한도가 계산되기 때문입니다. 만약 2천만 원을 증여했는데 신고하 지 않은 상태로 있다가 계좌 잔고가 3천만 원으로 불어난 후에 신고 하면, 신고 시점의 잔액인 3천만 원이 증여 금액이 되므로 세금을 내야 합니다.

증여공제 한도를 초과할 경우 증여세 세율은 증여하는 금액에 따 라 달라집니다. 1억 원 이하의 경우 10%, 1억 원 초과 5억 원 이하 20%, 5억 원 초과 10억 원 이하 30%, 10억 원 초과 30억 원 이하 40%, 30억 원 초과의 경우 50%의 세율이 적용됩니다. 구간별 누진 공제액은 1천만 원에서 4억6천만 원까지입니다.

증여세 세액 계산은 어떻게 할까요? 증여세 과세표준에 세율을 곱한 후 누진공제액을 빼면 됩니다. 일반적으로 3억 원을 증여할 경 우라면 세율이 20%이고 누진공제액이 1천만 원이므로 산출세액은 5천만 원(=3억 원×20%-1천만 원)이 됩니다. 하지만 미성년 자녀에게 증여한 경우는 2천만 원이 증여재산공제가 됩니다. 그러므로 3억 원

표 31 》》 증여 금액에 따른 증여세 세율

과세표준	1억 원 이하	5억 원 이하	10억 원 이하	30억 원 이하	30억 원 초과
세 율	10%	20%	30%	40%	50%
누진공제액	없음	1천만 원	6천만 원	1억6천만 원	4억6천만 원

에서 2천만 원을 뺀 2억8천만 원이 과세표준이 되고, 과세표준에서 20%를 곱하고 1천만 원을 뺀 4,600만 원이 산출세액이 됩니다. 또한 증여세 신고기한 내에 증여세 신고서를 제출하면 신고세액공제 3%를 적용받을 수 있습니다. 이 경우 4,600만 원의 3%인 138만 원의 세금을 추가로 공제받게 되므로 최종 세금은 4,462만 원이 됩니다.

증여세 자동계산기 활용하세요

국세청 홈택스 사이트에서는 증여세를 자동으로 계산해주는 서비스를 제공합니다. 이를 활용하면 순수토지, 공동주택, 단독주택, 일반건물, 상업용 건물(오피스텔), 상장주식, 기타재산 등의 증여세를 직접 계산할 수 있습니다.

1. 사이트 접속

홈택스(hometax.go.kr) 사이트에 접속한 후 [세금모의계산]을 클릭하거나 단축 주소로 바로 접속합니다(단축 주소 : http://bit.ly/3Jy2bb7).

※ 단, QR로 접속하면 홈택스 메인화면이 나오므로 위의 단축주소를 직접 입력하여 접속하는 것이 낫습니다.

2. 현금을 증여한 경우 [간편계산하기] 버튼을 클릭합니다.

3. 간편계산 항목을 입력하고 세액을 계산합니다.

'증여자와의 관계'는 [조회] 버튼을 이용해야 입력이 가능합니다. 부모가 자녀에게 증여하는 경우이니 '자'를 선택합니다. '수증자가 미성년자입니까?' 항목은 '예'를 선택하고, 증여 받은 재산가액에 금액을 입력한 후 [세액계산하기] 버튼을 누릅니다.

4. 계산 결과 보기

⑰증여재산가액으로 자녀(수증자)가 증여받은 금액(3,000만 원)이 입력되어 있습니다. ㉖은 증여재산공제 항목으로 미성년자인 자녀에게 증여한 것이므로 2,000만 원을 공제해준다는 내용입니다. ㉚과세표준에는 증여금액(3,000만 원)에서 공제금액(2,000만 원)을

■ 상속세 및 증여세법 시행규칙 [별지 제10호서식] <개정 2020.3.13.>

관리번호	

증여세과세표준신고 및 자진납부계산서
(기본세율 적용 증여재산 신고용)

※ 뒤쪽의 작성방법을 읽고 작성하시기 바랍니다.   (앞쪽)

수증자	① 성 명		② 주민등록번호		③ 거 주 지 구 분	
	④ 주 소				⑤ 전자우편주소	
	⑥ 전화번호 (자택)		(휴대전화)		⑦ 증여자와의 관계	자
증여자	⑧ 성 명		⑨ 주민등록번호		⑩ 증 여 일 자	
	⑪ 주 소				⑫ 전 화 번 호	(자 택)
세무대리인	⑬ 성 명		⑭ 사업자등록번호		⑮ 관 리 번 호	
	⑯ 전화번호 (사무실)		(휴대전화)			

구 분		금 액	구 분		금 액
① 증 여 재 산 가 액		30,000,000	㉓ 세 액 공 제 합 계 (㉔ + ㉕ + ㉖ + ㉗)		30,000
⑱ 비 과 세 재 산 가 액		0	㉔ 기 납 부 세 액 (「상속세 및 증여세법」 제58조)		0
과세가액 불산입	⑲ 공익법인 출연재산가액 (「상속세 및 증여세법」 제48조)	0	㉕ 외 국 납 부 세 액 공 제 (「상속세 및 증여세법」 제59조)		0
세액공제	⑳ 공익신탁 재산가액 (「상속세 및 증여세법」 제52조)	0	㉖ 신 고 세 액 공 제 (「상속세 및 증여세법」 제69조)		30,000
	㉑ 장애인 신탁재산가액 (「상속세 및 증여세법」 제52조의2)	0	㉗ 그 밖의 공제·감면세액		0
㉒ 채 무		0	㉘ 신 고 불 성 실 가 산 세		0
㉓ 증여재산가산액 (「상속세 및 증여세법」 제47조제2항)		0	㉙ 납 부 지 연 가 산 세		0
㉔ 증 여 세 과 세 가 액 (⑰ - ⑱ - ⑲ - ⑳ - ㉑ - ㉒ + ㉓)		30,000,000	㉚ 공익법인 등 관련 가산세 (「상속세 및 증여세법」 제78조)		0
증여재산공제	㉕ 배 우 자	0	㉛ 자 진 납 부 할 세 액 (합 계 액) (㉒+㉘+㉙+㉚+㉛)		970,000
	㉖ 직 계 존 비 속	20,000,000	납부방법	납부및 신청일	
	㉗ 그 밖의 친족	0	㉜ 연 부 연 납		
㉘ 재 해 손 실 공 제 (「상속세 및 증여세법」 제54조)		0	현금	㉝ 분 납	
㉙ 감 정 평 가 수 수 료		0		㉞ 신고납부	
㉚ 과 세 표 준 (㉔-㉕-㉖-㉗-㉘-㉙)		10,000,000	「상속세 및 증여세법」 제68조 및 같은 법 시행령 제65조제1항에 따라 증여세의 과세가액 및 과세표준을 신고하며, 위 내용을 충분히 검토하였고 신고인이 알고 있는 사실을 그대로 적었음을 확인합니다.		
㉛ 세 율		10 %			
㉜ 산 출 세 액		1,000,000			
㉝ 세 대 생 략 가 산 액 (「상속세 및 증여세법」 제57조)		0	2023 년 3 월 13 일 신 고 인 (서명 또는 인)		
㉞ 산 출 세 액 계 (㉜ + ㉝)		1,000,000	세무대리인은 조세전문자격자로서 위 신고서를 성실하고 공정하게 작성하였음을 확인합니다.		
㉟ 이 자 상 당 액		0	세무대리인 (서명 또는 인)		
㊱ 박 물 관 자 료 등 징 수 유 예 세 액		0	세무서장귀하		

신청(신고)인 제출서류	1. 증여재산 및 평가명세서(부표) 1부 2. 채무사실 등 그 밖의 증명서류 1부	수수료 없음	
담당공무원 확인사항	1. 주민등록표등본 2. 증여자 및 수증자의 관계를 알 수 있는 가족관계등록부		

행정정보 공동이용 동의서

본인은 이 건 업무처리와 관련하여 담당 공무원이 「전자정부법」 제36조제1항에 따른 행정정보의 공동이용을 통하여 위의 담당 공무원 확인 사항을 확인하는 것에 동의합니다. ＊동의하지 아니하는 경우에는 신청인이 직접 관련 서류를 제출하여야 합니다.

신청인 (서명 또는 인)

210mm×297mm[백상지 80g/㎡ (재활용품)]

뺀 값인 1,000만 원이 나옵니다. ㉜산출세액은 과세표준에 해당 구간 세율(10%)을 곱한 값인 100만 원이 나옵니다. ㊵신고세액공제는 증여세 신고기한 내에 증여세 신고서를 제출한 경우 3%를 공제받을 수 있기 때문에 100만 원의 3%인 3만 원을 공제한다는 내용입니다. 결국 ㊺자진납부할세액은 최종 97만 원이 됩니다.

홈택스에서
증여세 셀프 신고하세요

증여세 신고는 홈택스 사이트를 통해 온라인으로 신고할 수 있습니다. 증여세 납부 대상자는 수증자(자녀)입니다. 따라서 먼저 자녀 명의로 홈택스에 회원가입을 해야 합니다.

• 먼저 국세청 홈택스(hometax.go.kr) 사이트에 접속해 '회원가입'을 클릭합니다.

• 회원유형 선택에서 '주민등록번호로 회원가입'을 선택합니다.

• 본인인증 시 만 14세 미만 사용자의 회원가입일 경우 주민등록등본상 법정대리인의 확인이 필요합니다. '만 14세 미만 가입 시 체크' 부분을 체크하면 '법정대리인 휴대폰인증' 메뉴가 나옵니다. 자녀와 법정대리인(부모)의 정보를 입력하고 '인증하기' 버튼을 클릭합니다.

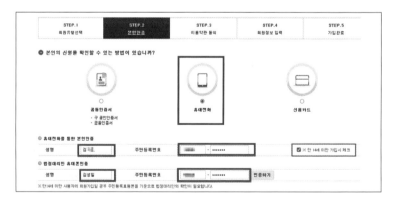

• 사용자 인증 창이 열리고 법정대리인 이름과 주민등록번호가 입력되어 있습니다. 휴대전화 번호를 입력하고 인증 절차를 진행합니다.

• 이용약관 동의에 '모두 동의함'을 체크하고, 회원정보를 입력합니다. 자녀의 아이디와 비밀번호는 따로 잘 기록해 놓습니다.

• 홈택스 화면 상단에서 '신고/납부'를 클릭하고, 왼쪽 메뉴의 '증여세'를 선택합니다.

• 증여세 신고 메뉴가 열리면 '현금증여 간편신고'를 선택합니다. 증여 목적으로 수증자(자녀) 명의의 계좌에 현금을 입금(계좌이체 포함)한 경우는 현금증여입니다. 현금을 배우자 또는 직계존비속으로부터 최초 증여 받고 법정신고 기한 내에 신고하는 경우에 이 메뉴를 사용합니다.

• 증여일자를 입력합니다.

• 다음으로 증여자 입력인데 '납세자 구분'에서 '개인'을 선택하고, '재산을 주는 자'인 아버지나 어머니의 주민등록번호를 입력하고 '조회' 버튼을 누릅니다. 그러면 아래 성명란에 '김○○'이라고 자동으로 뜹니다.

• 수증자(자녀) 정보에 자녀의 주민등록번호는 이미 나와 있습니다. 자녀 아이디로 로그인을 했기 때문에 정보가 자동으로 나옵니다.

• 주민등록번호 우측의 '확인' 버튼을 클릭하면 '기본 주소' 내용이 자동으로 입력됩니다.

• 전화번호를 입력합니다. 자녀 혹은 부모의 번호를 입력하면 됩니다.

• '증여자와의 관계' 부분은 수기로 입력이 안 됩니다. 우측의 '조회' 버튼을 누르면 '증여자와의 관계 선택' 창이 별도로 뜨는데 여기서 '자' 부분을 더블클릭해주면 됩니다.

• '미성년자'인 경우 해당 부분을 체크해주고, '저장 후 다음 이동'을 클릭합니다.

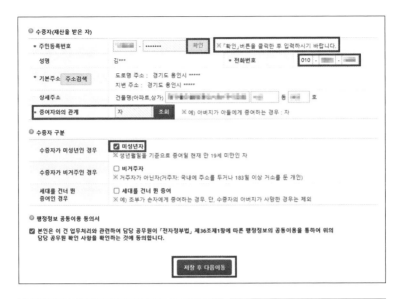

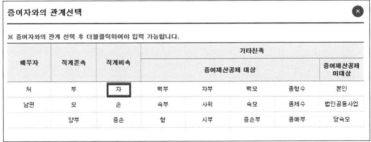

• '증여재산입력 및 세액계산' 화면이 나오면, 증여해주는 금액을 ①번 '평가가액'에 입력하고 ②번의 등록하기 버튼을 누르면 ③번 부분에 '증여재산명세 목록'에 항목이 새로 생깁니다.

• 3천만 원을 예시로 입력하였는데, 금액은 원 단위까지 숫자로 입력해야 하므로 '30000000'과 같이 입력해줍니다.

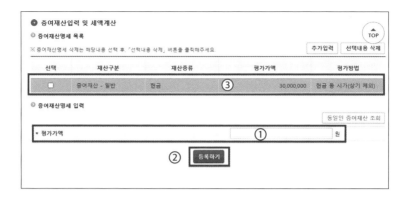

• 세액계산 결과가 화면에 표시됩니다. 미성년자 자녀(직계존비속)인 경우로 증여재산공제가 2천만 원이 됩니다.

• 증여 재산 3천만 원에서 2천만 원 공제된 1천만 원이 '과세표준'이 되고, 이 경우 '세율'이 10%가 적용되므로 '산출세액'은 100만 원입니다.

• 기한 내 신고인 경우 '신고세액공제'가 되므로 산출세액의 3%인 3만 원이 공제되어 최종 납부할 세금은 97만 원이 됩니다.

● 신고서제출
◉ 신고내역확인

증여재산가액	30,000,000 원
증여재산가산액	0 원
비과세재산가액	0 원
과세가액불산입	0 원
채무액	0 원
증여세과세가액	30,000,000 원
증여재산공제	20,000,000 원
재해손실공제	0 원
감정평가수수료	0 원
과세표준	10,000,000 원
세율	10 %
산출세액	1,000,000 원
세대생략가산액	0 원
박물관자료등 징수유예세액	0 원
세액공제합계	30,000 원
가산세합계	0 원
자가감 자진납부할 세액	970,000 원
연부연납	0 원
현금 분납	0 원
현금 신고납부	970,000 원

※ 증여재산에 관련된 채무를 수증자가 인수하는 부분은 양도('양도소득세 과세대상 재산'에 한함)로 보며,
　그 양도일이 속하는 달의 말일부터 3개월 이내에 양도소득세를 신고하여야 합니다.

[이전]　[제출하기]

매달 일정액 입금한다면
이렇게 증여세 줄일 수 있어요

　매달 자녀 명의 계좌에 현금을 입금하는데 매번 증여세 신고를 하려면 매우 불편할 것입니다. 10년간 매달 입금한다면 120번이나 증여세 신고를 해야 하니까요. 이럴 경우를 위해 '유기정기금 평가 방법'이라는 증여세 신고 방법이 있습니다. 유기정기금에서 '유기'는 기간이 존재한다는 의미이고, '정기금'은 정해진 금액이라는 뜻입니다. 즉, 일정 기간 동안 일정 금액을 증여하기로 약속한 경우 증여세 신고를 한 번만 하면 되는 것입니다. 그리고 이때 증여금액을 현재가치로 할인하여 증여재산가액을 정하는데, 할인의 이유는 미래의 돈 가치가 하락하는 만큼을 반영해주겠다는 것입니다.

　미래에 증여하는 돈이 얼마의 가치를 지니고 있는지 계산하기 위해 쓰는 방법이 '현재가치'라는 개념입니다. 현재가치는 줄임말로 '현가'라고도 하며 영어로는 'PV(Present Value)'라고 쓰며 미래가치(FV, Future Value)의 상대적인 개념으로 씁니다. 예를 들어 현재 우유 한 병이 1,000원이고 물가상승률이 10%라고 하면 내년에 우유 가격은 10% 오른 1,100원이 됩니다. 현재의 10,000원은 우유를 10병 살 수 있는 가치를 가집니다. 내년에 생기는 10,000원은 우유를 약 9병(=10,000/1,100) 살 수 있는 가치를 갖게 됩니다. 그래서 현재가치를 계산하기 위해서 미래의 돈에 할인율을 반영합니다. 인플레이션(물가상승률)을 반영하기도 하는데 사례에서는 물가가 10%라고 가정하였으니 내년 10,000원의 현재가치는 물가상승률로 나눈 값인 9,090.9원(=10,000/(1+10%))이 됩니다. 누구도 미래의 물가상승률을 알 수는 없기에 정확한 할인율을 측정하는 것은 불가능합니다. 따라서 유기정기금 평가방법에서는 정부가 정한 할인율을 사용하게 됩니다.

[표 32]에 예를 들어 정리했습니다. 10년 동안 매달 20만 원을 미성년 자녀 계좌로 이체하려 합니다. 이 경우 1년에 240만 원씩, 10년이면 2,400만 원을 증여하게 됩니다. 증여재산가액(2,400만 원)을 기준으로 증여세를 계산해 보면, 증여재산공제(2,000만 원)를 뺀 400만 원이 과세표준이 됩니다. 과세표준에 해당 구간 세율(10%)을 곱한 값이 40만 원이 산출세액이 되고, 신고세액공제(3%)를 빼 준 38만 8,000원이 최종 세액이 됩니다.

그런데 일정 금액을 일정 기간 증여하는 경우이므로 유기정기금 평가방법을 이용해 증여재산가액을 계산해주어야 합니다. 미래에 증여하는 금액은 현재가치로 할인해준다고 했는데, 이때 할인율은 '기획재정부령이 정하는 이자율'인 3%를 적용합니다. 이 값은 '상속세 및 증여세법 시행규칙 제19조의2(신탁의 이익 및 정기금을 받을 권리의 평가)'를 검색하면 확인이 가능한데, 2017년에 개정된 후 현재까지(2023년 3월 기준) 변경되지 않았습니다.

매해의 할인액을 계산하는 방법은 '상속세 및 증여세법 시행령

표 32 〉〉〉 **정기금의 증여재산평가 예시**

정기금의 증여재산평가

증여자	김성일	수증자	김지호
관계	직계비속(자녀)	성년여부	미성년
이체 시작	2023-1-5	이체 종료	2032-12-5
이체일(매월)	5	이체금액	₩200,000

정기금 평가금액

연도	불입횟수	원금	할인액
2023	12	2,400,000	2,400,000
2024	12	2,400,000	2,330,097
2025	12	2,400,000	2,262,230
2026	12	2,400,000	2,196,340
2027	12	2,400,000	2,132,369
2028	12	2,400,000	2,070,261
2029	12	2,400,000	2,009,962
2030	12	2,400,000	1,951,420
2031	12	2,400,000	1,894,582
2032	12	2,400,000	1,839,400
증여세 계산	증여재산가액	24,000,000	21,086,661
	증여재산공제	20,000,000	20,000,000
	과세표준	4,000,000	1,086,661
	세율	10%	10%
	누진공제	0	0
	산출세액	400,000	108,666
	신고세액공제	12,000	3,260
	자진납부세액	388,000	105,406
			세액 차이
기획재정부령으로 정하는 이자율	3.00%		282,594

제62조(정기금을 받을 권리의 평가)'가 기준이 되는데, 증여하는 금액을 (1+할인율)^(경과연수)로 나누면 됩니다. 현재 정부가 정한 할인율이 3%이므로 '1+할인율'은 1.03이 됩니다. 첫해의 증여액 240만 원은 경과연수가 0이므로 할인이 안 되니 240만 원 그대로입니다. 그런데 2년째인 2024년에 증여하는 금액은 경과연수가 1년이기 때문에 240만 원을 1.03(=1.03^1)으로 나눈 233만 원이 증여액으로 산정됩니다. 2032년에 증여하는 240만 원은 1.34(=1.03^10)로 나눈 183만 원이 증여액이 됩니다. 이런 식으로 매해 계산한 할인액을 더하면 21,086,661원이 나오는데 이 금액이 증여재산가액이 됩니다. 이 값을 기준으로 계산한 증여세액은 105,406원이 되는데, 할인 받기 전 세액(388,000원)보다 282,594원의 세금을 절감할 수 있습니다. 지금까지 설명한 내용과 [표 32]에 대해 제 블로그에 엑셀 파일 양식과 사용방법을 상세히 올려두었으니 자유롭게 다운로드 받아 사용하세요.

정기금의 증여재산평가 자동계산 양식
blog.naver.com/ksi0428/223044515746

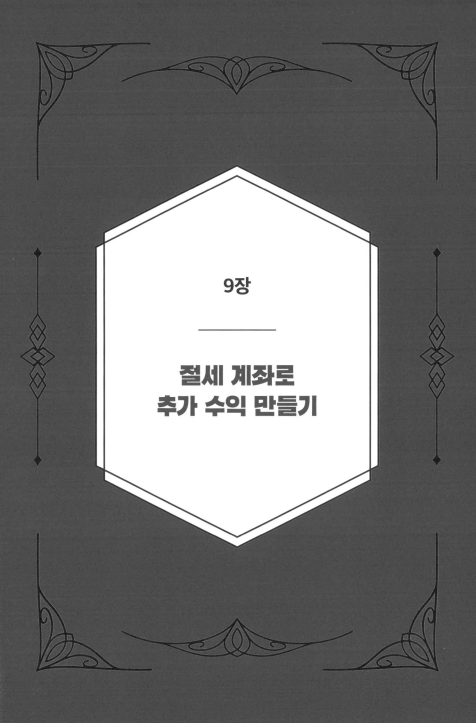

9장

절세 계좌로
추가 수익 만들기

수익을 늘리는 절세 계좌, 적극 활용하세요

7장에서 증권계좌 개설 방법을 설명했는데요, 이것은 일반적인 주식 계좌입니다. 이 계좌로 투자할 경우, 국내 주식형 ETF를 제외한 나머지 ETF(채권, 금 종류)는 매매차익에 대해 15.4%의 세금을 내야 합니다. 즉, 리밸런싱을 할 때마다 세금이 부과되므로 장기적으로 봤을 때 수익률에 손해를 끼치겠죠. 그런데 세금을 절감할 수 있는 방법이 있습니다. 바로 절세 계좌입니다. 부모 명의냐 자녀 명의냐에 따라 개설 가능한 계좌의 종류가 달라지므로 나누어서 설명하겠습니다.

부모 명의로 개설할 경우

절세 계좌를 부모 명의로 개설할 경우, 연금저축펀드와 ISA를 활용할 수 있습니다. 연금저축펀드는 개인이 자신의 연금을 모아서 투자하고 운용할 수 있도록 하는 계좌입니다. 증권사에서 연금저축펀드 계좌를 개설하면 이 계좌 안에서 다양한 ETF 상품을 매매할 수 있습니다. 연금저축펀드에는 세액공제, 과세이연, 저율과세 혜택이 있습니다. 세액공제는 연금 계좌에 납입한 금액에 대해 연말정산을 할 때 혜택을 주는 제도입니다. 과세이연은 매매차익에 대한 세금(15.4%)을 지금 내지 않고 연금 받는 시점으로 미뤄주는 제도입니다. 세금으로 낼 돈을 계속 굴릴 수 있어 복리 효과가 발생해 유리합니다. 저율과세 혜택은 연금 수령 시점에 15.4%가 아닌 5.5~3.3%의 낮은 세율이 적용됩니다.

일반적인 주식투자 계좌가 아닌 연금 계좌를 이용해 ETF로 자산배분 투자를 할 때 세금을 절감함으로써 증가하는 수익률은 적어도 0.6~1%포인트 이상이라고 추정됩니다. 여기에 추가되는 수익 개선 효과가 있는데, 바로 손익통산입니다. 2023년 3월 현재 일반 주식 계좌에서 수익이 발생한 ETF 매매에 대해서는 수익 발생 시 15.4%의 세금이 발생합니다. 그런데 과세를 할 때 다른 ETF에서 발생한 손실에 대해서는 고려해주지 않습니다. 연금 계좌는 손익통산이 적용되므로 수익과 손해를 합산해 발생한 순수익에 대해서만 세금을 매기게 됩니다. 예를 들어 A ETF에서 수익이 200만 원 발생하고, B

ETF에서 손실이 −150만 원 발생했다고 하겠습니다. 일반 계좌에서는 수익이 발생한 A ETF에서만 세금을 계산해 30.8만 원(=200만 원×15.4%)을 과세합니다. 하지만 손익통산이 적용되면 A ETF에서 발생한 수익 200만 원에서 B ETF에서 발생한 손실 −150만 원을 통산(통합해서 계산)한 순수익인 50만 원에 대해서만 세금을 부과합니다. 손익통산이 적용된 세금은 7.7만 원(=(200−150)×15.4%)이 되죠. 손익통산 적용 전 세금(30.8만 원)보다 23.1만 원이나 절세된 것이고 그만큼 실질적인 수익이 증가한 것입니다.

대부분 이미 연금저축펀드 계좌를 개설해서 갖고 계실 것입니다. 노후 준비와 절세 투자에 최적의 계좌이기 때문이죠. 그러나 연금저축펀드에 대해 오늘 처음 알았다면, 반드시, 꼭, 정말로 만들어서 이용하시기를 바랍니다. 노후에 자녀에게 손 벌리기 싫으면, 가난한 노인이 되어 돈 걱정하면서 살고 싶지 않으면 반드시 준비해야 합니다.

성인에게 연금저축펀드 계좌가 너무나 좋은 건 두말하면 잔소리지만, 자녀 자금 투자용으로도 좋습니다. 왜냐하면 연금저축펀드 계좌는 여러 개 만들 수 있기 때문입니다. 하나는 내 노후 자금을 준비하는 용도로 사용하고, 하나는 아이를 위한 목돈을 만드는 용도로 사용하는 식으로요. 여기에 납입하는 금액은 연말정산할 때 세액공제를 받을 수 있습니다. 연간 600만 원 납입 시 16.5%인 99만 원을 연말정산할 때 환급 받을 수 있으니 반드시 해야겠죠. 참고로 총급여 5,500만 원 이하는 16.5%, 그 이상은 13.2%를 세액공제 해줍니다. 연금저축펀드 계좌에 납입하는 금액 중 600만 원까지는 세액공제 혜택을 받을 수 있지만 총 납입 한도는 1,800만 원입니다. 1,200만 원은 세액공제를 받지 못하더라도 여전히 과세이연, 저율과세 혜택을 받을 수 있고, 세액공제 받지 않은 금액은 필요할 때 언제든 페널티 없이 찾아 쓸 수 있다는 장점도 있습니다.

자녀용으로 만드는 연금저축펀드 계좌는 자녀가 성인이 되었을 때나 혹은 필요시 해지할 수 있습니다. 이때 계좌에 납입한 금액은 세액공제 혜택을 받지 않았다면 아무 페널티 없이 찾을 수 있습니다. 하지만 투자로 수익이 난 금액은 세금을 내게 됩니다. 연금저축펀드 계좌의 중도해지에 해당하기 때문에 기타소득세 16.5%를 내야 합니다. 세금이 너무 크다고 생각할 수 있는데요. 손익통산이 적용되기 때문에 실제로 내는 세금은 일반 주식 계좌보다 훨씬 적습니다. 직전 사례를 다시 들어 보면 일반 주식 계좌에서는 수익이 난 A ETF에 세금을 계산하니 30.8만 원을 과세합니다. 그런데 연금저축펀드 계좌를 중도해지할 경우 수익(200만 원)과 손실(-150만 원)이 합쳐진 50만 원에 대해서 16.5%의 세금을 매기게 되므로 8만2,500원을 내면 됩니다. 다시 한 번 말씀드리지만, 부모가 먼저 연금저축펀드 계좌를 만들기를 바랍니다. 그리고 자녀용도 만들어 함께 운용해주면 됩니다.

두 번째로 소개해드릴 계좌는 ISA입니다. ISA는 개인종합자산관리계좌(Individual Saving Account)라는 긴 이름을 영어 약자로 줄인 것입니다. 저도 이 계좌의 한글 이름은 자주 잊어버리는데 그냥 ISA 라고 기억하면 됩니다. ISA 계좌의 도입 취지는 '저금리·저성장 시대에 개인의 종합적 자산관리를 통한 재산 형성을 지원하려는 취지로 도입한 절세계좌'입니다. ISA 계좌를 만들면 그 안에서 ETF를 자유롭게 매매할 수 있습니다. 가입 한도는 연 2,000만 원이며 총 1억 원까지 납입이 가능합니다. 의무가입기간은 3년이지만 만기가 없어 3년 이후에도 계속 운용할 수 있습니다. 소득 수준과 무관하게 가입이 가능한데 미성년자는 가입이 안 됩니다. 근로소득자일 경우 15세 이상 가입할 수 있습니다. 가입 직전 3개년 금융소득종합과세 대상자는 가입이 안 됩니다.

일반 주식 계좌보다 ISA가 좋은 이유는 절세 혜택에 있습니다. ISA 계좌에서도 앞서 설명해 드린 손익통산을 적용해줍니다. 그리고 순수익 200만 원까지는 비과세 혜택을 줍니다. 서민형의 경우 400만 원까지 비과세이고요. 서민형은 총급여 5000만 원(또는 종합소득 3500만 원) 이하인 거주자가 가입할 수 있습니다. 비과세 혜택을 초과하는 순수익에 대해서는 9.9%의 낮은 세율로 과세하며 분리 과세를 적용해줍니다. 혹시 ISA 계좌를 모르는 분이 계셨다면 가입하시길 권해드립니다.

아이 명의로 개설할 경우

자녀 명의로 계좌를 개설하는 경우는 나이 제한으로 인해 ISA 계좌는 가입이 불가능하지만 연금저축펀드 계좌는 개설할 수 있습니다. 만약 부모 명의로 만든 연금저축펀드 계좌에 연간 납입 한도인 1,800만 원을 꽉 채워서 넣고 있다면, 부모 명의로 추가 연금저축펀드 계좌를 만들 수는 있지만 자녀를 위한 자금을 넣을 수가 없습니다. 그럴 경우에는 자녀 명의로 연금저축펀드 계좌를 개설해야 합니다.

연금저축펀드 계좌 역시 증권사 영업점에 방문해서 만들 경우 매매수수료가 매우 비싸다는 단점이 있습니다. 해결 방법으로 '온라인 연결계좌 개설' 혹은 '온라인 추가계좌 개설' 서비스를 제공하는 증권사를 이용하면 됩니다. 이 서비스는 증권사에 자녀 계좌가 있는 경우에 그 계좌(주식, 종합계좌 등)를 이용하여 추가로 계좌를 개설할 수 있도록 해주는 것입니다.

우선 제휴은행을 통해 먼저 증권계좌를 만들고, 이 계좌를 근거로 온라인에서 연금저축펀드 계좌를 개설하는 것이죠. 다만, 모든 증권사가 해당 서비스를 제공하지는 않습니다. 키움증권과 한국투자증권 등에서 가능하니 거래를 원하는 증권사가 있으면 해당 회사에 문의해 보시기 바랍니다. 참고로, 은행연계 계좌 개설 시의 매매수수료도 이 두 증권사가 가장 저렴한 수준(0.015%)이기도 합니다.

키움증권의 경우 앱(영웅문S#)을 이용하여 개설할 수 있는데요. 메인 화면에서 '메뉴'를 선택한 후 '금융상품' → '연금' → '연금계

그림 16 〉〉〉 **키움증권 앱(영웅문S#)을 이용해 연금계좌 개설 메뉴 찾기**

좌 개설'을 차례로 선택하면 됩니다. 연금저축펀드 계좌는 여러 개 개설할 수 있습니다. 아이가 어릴 때 부모가 자녀 명의 연금저축펀 드 계좌를 만들었더라도 자녀가 성장해 사회생활을 하면 필요에 따라 추가로 계좌를 만들 수 있고, 어릴 때 만든 계좌라도 계속 사용할 수 있습니다.

10장

그밖에
궁금한 내용들

적립식과 거치식 중
어느 방식이 더 낫나요?

자녀에게 증여할 때 한번에 목돈을 주는 게 나은지 아니면 매달 나눠서 넣는 게 나은지 궁금하다는 질문이 많습니다.

많은 전문가가 투자할 때 분할매수를 권하거나 적립식으로 투자하라고 합니다. 이때 '분할매수'와 '적립식'이라는 단어가 같은 의미인 것으로 착각하는 분들이 많습니다. 두 단어는 비슷한 듯하지만 다소 다릅니다. 정확한 의미를 알아보겠습니다.

사전에서 '적립식'은 '모아서 쌓아 두는 방식'이라고 설명합니다. 흔히 거치식과 반대 개념처럼 사용되는데요. 은행 예적금으로 예를 들어 설명하겠습니다. 은행에 돈을 맡기는 것을 '저금'이라고 하는

데요. 적금은 '적립식 저금'으로 '금융 기관에 일정 금액을 일정 기간 불입한 다음에 찾는 저금'이라고 사전에 정의되어 있습니다. 예금은 '거치식 저금'이라고 할 수 있으며 자금을 일시에 넣는 것을 말합니다. 적금과 예금의 차이는 저금을 할 때 매달 일정 금액을 넣느냐, 한 번에 넣느냐 하는 것입니다.

예를 들어 매달 100만 원의 여유자금을 확보할 수 있다고 하겠습니다. 이때 이 100만 원을 저금하는 방법은 두 가지가 있습니다.

하나, 100만 원짜리 예금 통장을 매달 반복해서 만드는 방법(총 12개의 통장).

둘, 적금 통장을 만들어 그 통장에 매달 100만 원을 납입하는 방법(총 1개의 통장).

첫 번째 방법의 경우 1년간 매달 하나씩 총 12개의 예금통장이 순차적으로 생기고 1년 후에 매달 만기된 예금에서 각각 원금(100만 원)과 이자가 지급됩니다. 두 번째 방법은 1년짜리 적금에 가입해 매달 100만 원씩 납입하고 1년 후에 원금 1,200만 원과 이자가 지급되는 방식이죠.

그렇다면 둘의 수익률 차이는 얼마나 될까요? 어느 쪽이 투자자에게 더 유리할까요? 결론부터 말하면 거의 차이가 없습니다.

프리랜서 디자이너 홍 씨의 사례로 살펴보겠습니다. 홍 씨는 12개월간 파트타임으로 디자인 프로젝트를 수행하고 월 100만 원을 받기로 했습니다. 홍 씨는 이 돈을 2년 후에 만기가 되는 전세금에 보태기로 하고, 예금 통장을 따로 만드는 방법과 적금 통장에 모으는 두 가지 방법을 각각 계산해 봤습니다. 계산은 네이버에서 '이자계산기'를 검색해 사용했습니다. 홍 씨의 주거래은행의 정기예금금리는 12개월에 2.55%, 정기적금 금리는 12개월에 2.95%였습니다(계산을 간편하게 하기 위해 세금이 없다고 가정하겠습니다).

---

① 예금 통장을 따로 만들 경우, 총 12개의 통장을 만들게 된다.

② 각 통장에 넣는 원금은 100만 원이고 예금금리가 2.55%이니 이자가 25,500원이고 만기 시 수령액은 1,025,500원이 된다.

③ 1년 후부터 각 예금의 만기가 매달 돌아온다. 2년 후까지 이 돈을 놀릴 수 없으니 다시 적금에 가입했다.

④ 1년 후 가입하는 적금에는 매달 1,025,500원이 납입되고, 적금 리는 2.95%를 받는다.

⑤ 2년 후 적금 만기 때 원금합계는 12,306,000원이고 이자는 196,640원이다. 만기 시 수령액은 12,502,640원이 된다.

이번에는 월 100만 원을 납입하는 적금 통장을 만드는 경우를 보겠습니다.

---

① 적금 통장을 개설해 매달 100만 원을 납입한다.

② 1년 후 적금 통장이 만기가 되면 원금합계는 12,000,000원이고 이자가 191,750원 붙어 만기 수령액은 12,191,750원이 된다.

---

③ 전세금에 쓸 때까지 이 돈을 예금한다.

④ 2년 후 예금 통장이 만기가 되면 원금 12,191,750원에 이자 310,890원이 붙
　 어 최종 수령액은 12,502,640원이 된다.

홍 씨는 두 가지 방식이 똑같이 2년 후 잔고가 12,502,640원이
된다는 것을 확인했습니다.

금리가 오르거나 내리는 상황일 때는 어떨지 궁금했던 홍 씨는
은행원 친구에게 물어봤습니다. 친구는 금리가 오를 때와 내릴 때
두 가지 상황에서 계산해줍니다. 먼저 금리가 오를 때 예금금리는
1.15%에서 2.55%까지 오르고, 적금금리는 1.40%에서 2.95%로 올
랐다고 가정했습니다. 적금 후 예금을 한 경우의 최종잔고는
12,399,000원이었고, 매달 예금 통장을 만든 경우는 12,416,000원
이 남았습니다. 즉, 금리 인상기에는 매달 새로 예금에 가입하는 게
0.14%(1만7천 원) 정도 유리했습니다.

반대로 금리가 하락하는 경우는 예금금리가 2.55%에서 1.15%
로, 적금금리는 2.95%에서 1.40%로 내렸다고 가정해 보았습니다.
이때 적금 후 예금을 한 경우의 최종잔고는 12,331,000원이었고, 매
달 예금 통장을 만든 경우는 12,315,000원이 남았습니다. 금리 인하
기에는 적금 후 예금하는 게 0.13%(1만6천 원) 정도 유리했습니다.

은행원 친구는 앞으로 금리가 계속 오를지 아니면 어느 순간부터
다시 내릴지 알 수 없다고 했습니다. 홍 씨 역시 금리의 향방을 예측

할 수는 없었죠. 매달 예금 통장을 만드는 방법은 예금통장 12개에 적금통장 1개로 총 13개의 통장을 관리해야 되지만 두 번째 방법은 적금통장 1개에 예금통장 1개로 2개의 통장만 개설하면 되니 간편하게 두 번째 방법을 선택해야겠다고 결정했습니다.

이렇듯 금리가 변하지 않을 경우는 두 방식의 수익률은 동일합니다. 홍 씨의 사례처럼 단기간이라면 금리 상승과 하락에 따라 차이가 나겠지만, 기간이 길어진다면 차이가 더욱 줄어듭니다. 거치식과 적립식의 차이가 거의 없다는 말이죠.

일시매수와 분할매수에 대해서도 알아보겠습니다. 일시매수는 한번에 사는 것을 말하고, 분할매수는 여러 번에 걸쳐 나누어 사는 것을 말합니다. 앞서 본 1번과 2번의 경우는 모두 일시매수입니다. 갖고 있던 지금 100만 원으로 지금통장을 한번에 산 것과 같으니 말입니다(다시 한 번 말하지만 예금이나 적금이나 이름과 통장 관리 형태만 다를 뿐, 둘 다 '저금'입니다).

분할매수란 총투자금액을 시간을 분산해 나누어서 투자하는 것입니다. 예를 들면, 총투자금 500만 원으로 어떤 자산(주식이든 금이든)에 투자할 때 매달 100만 원씩 5개월에 걸쳐 자산을 매수하는 것이죠. 이렇게 같은 금액으로 나누어 투자하는 것을 '정액적립식'이라고 부르기도 합니다. 금융회사 입장에서는 분할매수든 적립식이든 매달 100만 원이 계좌로 입금되는 거라 동일하니 두 단어를 혼용하지만, 투자자 입장에서는 전혀 다릅니다. 설명했듯이 적립식은 일시매수이므로 분할매수와는 다른 것이죠. 금융회사가 표현을 바꾸지는 않을 테니 이 책의 독자들이라도 헷갈리지 않기 바랍니다.

분할매수의 장점으로 흔히 '평균매입단가 인하 효과'를 듭니다. 이전보다 낮아진 가격에 상품을 매수함으로써 매입단가의 평균이 낮아지는 현상을 말합니다. 1월에는 물건의 값이 1,000원이었는데 2월에 800원으로 가격이 낮아졌다고 하겠습니다. 1월에 물건 2개를 산 사람은 2,000원의 돈을 주고 2개의 물건을 살 수 있었습니다. 하지만 1월과 2월 각 1개의 물건을 구입한 사람은 1,800원의 돈으로 2개의 물건을 확보하게 됩니다. 전자의 개당 가격은 1,000원이지만 후자의 개당 가격은 900원으로 '평균매입단가'가 100원이나 인하된 것입니다.

이렇게만 보면 분할매수가 일시매수보다 더 좋은 것처럼 보이기도 합니다. 하지만 시장의 물건 가격이 늘 하락하는 것만은 아니죠. 1,000원짜리 물건이 1,200원으로 오르기도 합니다. 이럴 경우 분할매수를 한 사람의 평균매입단가는 1,100원으로 오르게 되므로 일시매수한 경우보다 더 비싸게 사게 되어 손해를 보게 됩니다.

이처럼 시장에서의 자산 가격 움직임은 단순하지 않습니다. 따라서 다양한 움직임에 따라 분할매수의 효과도 다르게 나타납니다. 자산 가격의 움직임은 크게 6가지로 나눠볼 수 있습니다. ① 하락 후 원위치, ② 하락 후 상승, ③ 상승 후 원위치, ④ 상승 후 하락, ⑤ 지속 하락, ⑥ 지속 상승. 각각의 경우에서 분할매수와 일시매수의 결과를 비교해 보면 어떤 결과가 나올까요? 실험 결과 6가지 상황에서 분할매수의 성적은 3승 3패였습니다. 분할매수가 유리했던 상황은 ①, ④, ⑤에서 나왔는데, 이 경우는 모두 평균매입단가 인하 효과가 발생했습니다. 시작 시점보다 저가에 매수하는 경우가 발생했기 때문이었죠. 반면 ②, ③, ⑥의 경우에는 일시매수가 오히려 나은 결과를 보였습니다.

따라서 분할매수와 일시매수 중 어느 방법이 더 좋다고 말하기는 어렵습니다. 분할매수가 가진 장점은 심리적인 안정감을 준다는 점인데, 말 그대로 '심리적'인 부분일 뿐입니다. 얼마의 기간 동안 나눠야 하는지, 얼마씩 넣어야 하는지를 따져보기 시작하면 그 '심리적' 효과가 급격히 줄어듭니다. 분할매수의 한계점은 ①, ④, ⑤와 같이 유리했던 경우조차 투자 기간이 길어질수록 장점이 희미해진다는 부분입니다. 수개월 정도의 투자 기간이라면 모를까 수년이 넘는 투자 기간에서는 분할매수를 실천하기도 어렵고 오히려 기회이익 측면에서 손실일 가능성도 높습니다.

자녀에게 증여를 할 때 목돈으로 할 수도 있고, 매달 나눠서 할 수도 있습니다. 투자 방식에 따라 다를 수 있지만 자산배분 전략으로 투자한다면 일시매수로 하는 게 유리할 가능성이 높다고 결론 내릴 수 있습니다.

성인이 된 아이가 연금저축 계좌를 계속 굴리면 어떨까요?

자녀 명의 연금저축펀드 계좌를 개설해 꾸준히 매달 증여를 해주고, 성인이 된 후에는 자녀가 그 계좌를 이용해 지속적으로 납입하고 투자하면 어떤 결과가 나올까요?

결론부터 말하면, 이런 경우가 가장 이상적이라고 할 수 있습니다. 부모가 자녀를 위해 연금저축 계좌를 열어주고 꾸준히 납입합니다. 이를 적절히 굴리면 어떤 결과가 나오는지 20년 넘는 기간을 통해 보여줍니다. 그리고 자녀는 부모가 만들어 준 자신의 계좌를 보며 투자라는 게 어떻게 흘러가는지를 직간접적으로 배울 수 있습니다. 세뱃돈과 용돈을 아껴 저축하고, 저축한 돈이 어떻게 불어나는지 보며 금융과 투자에 대한 이해도가 높아집니다. 대학 학비까지 지원을 해주었다면 20세가 지나서도 그 계좌는 여전히 굴러가고 있을 것입니다. 취업을 한 이후에는 부모님이 잘 가꿔준 계좌를 함부로 깨지 않고 자신의 돈으로 저축과 투자를 이어나가는 것이죠.

앞서 아이가 태어났을 때부터 매달 30만 원씩 적립해준 경우를 보았는데, 25세가 되면 적립한 원금이 누적 9,000만 원에 연 7.2% 수익률로 굴린 계좌의 잔고가 2억4,338만 원이 됩니다. 25세에 취업을 한 자녀가 연금저축펀드에 매년 600만 원을 납입하면 연말정산 세액공제로 99만 원(납입금의 16.5%)을 받을 수 있다는 사실을 부

표 33 >>> **자녀의 연금저축펀드 계좌 잔고**(단위: 만 원)

	계좌잔고	납입원금	원금대비잔고 비율
5세	2,159	1,800	120%
10세	5,215	3,600	145%
15세	9,542	5,400	177%
20세	15,667	7,200	218%
25세	24,338	9,000	270%
55세	256,970	27,000	952%
60세	367,392	30,000	1,225%
65세	523,718	33,000	1,587%

모님께 배워 알고 있고, 세액공제 한도까지 저축하기 위해 자신이 받는 월급에서 매달 50만 원을 납입합니다. 월급으로 280만 원 남 짓 받는 사회초년생에게 매달 50만 원은 작지 않은 금액이지만 처 음부터 없는 돈이라 생각합니다. 아직은 부모님과 같이 지내고 있으 니 거주비가 들지 않기도 하고요. 자녀는 이 자금을 종잣돈 삼아 노 후 준비용으로 계속 굴립니다. 자녀가 이런 생각을 한 이유는 부모 가 연금으로 노후 생활을 준비해왔다는 것을 알기 때문이죠.

자녀의 연금 계좌 잔고는 얼마가 되어 있을까요? 연 7.2% 수익 률로 굴린다고 가정했습니다. 0세부터 부모님이 매달 30만 원씩 납 입해주었고, 취직을 한 25세부터는 자녀가 50만 원씩 넣었습니다. 연금저축펀드 계좌에서 연금 수령을 개시할 수 있는 55세에는 납입 원금 2억 7,000만 원에 계좌 잔고가 무려 25억 6,970만 원이 됩니다.

납입 원금 대비 952% 불어난 금액이죠. 60세에 정년퇴직을 한다고 하면 36억7,392만 원으로 납입금 대비 12배나 커진 금액이 됩니다. 정년이 연장되어 65세까지 일하며 납입한다면 노후 준비 자금이 자그마치 52억3,718만 원이 모입니다.

계산을 잘못한 것은 아니냐고요? 정확히 계산했습니다. [그림 17]에서 납입원금 쌓이는 그래프를 살펴봅시다. 24세까지는 30만 원 납입이라 기울기가 완만하고, 25세부터는 50만 원을 납입하니 기울기가 다소 올라갑니다. [그림 17] 중 아래 그래프에서 계좌 잔고를 나타내는 선을 보세요. 기하급수적으로 불어나는 것을 알 수 있죠. 이것이 바로 복리 효과입니다. 7.2%라는 그리 높지 않아 보이는 수익률로도 이렇게 자산을 쌓을 수 있습니다. 필요한 건 오랜 시간뿐이죠.

참고로 이 계산에서 자녀가 연금저축 납입으로 받는 세액공제(99만 원)은 포함시키지 않았습니다. 이 정도 금액은 휴대폰을 바꾸든, 취미 생활에 사용하든 어떻게 써도 크게 무리가 없다고 봅니다. 그래도 세액공제 금액까지 투자한 경우도 한번 계산해 보았습니다. 65세까지 일하며 납입했을 때 세액공제 누적금액은 3,960만 원 정도이고, 이를 투자에 포함한 계좌 잔고는 54억5,333만 원이 됩니다. 세액공제 받은 금액을 포함하지 않았을 때보다 2억1,615만 원 더 많은 금액입니다.

한편, 이런 계산 자료를 볼 때는 인플레이션(물가상승) 반영 여부

그림 17 〉〉〉 **납입원금과 계좌잔고 증가 추이**

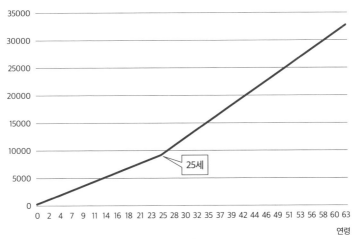

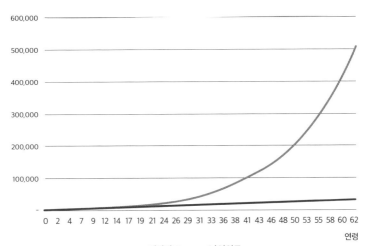

그림 18 >>> **1976~2022년 연 단위 물가상승률**

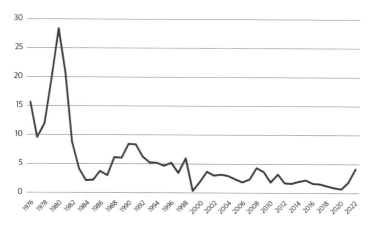

출처: 한국은행 소비자물가지수(농산물 및 석유류 제외 지수)

를 체크해 봐야 합니다. 미래의 인플레이션을 알 수 있는 방법은 없고, 누구도 예측이 불가능합니다. 과거의 모습을 돌아보며 어림짐작을 해 볼 수 있을 뿐입니다. 우리나라의 과거 물가는 한국은행이 제공하는 소비자물가 지수를 사용하여 파악할 수 있습니다. 1976년부터 2022년까지 47년 동안의 연단위 물가상승률의 평균값은 5.3%입니다. 이를 두 기간으로 나누어 보면 전반기인 1976년부터 1999년까지 24년간은 고물가 시기로 연 8.1%의 인플레이션을 보였고, 후반기인 2000년부터 2022년에는 2.3%로 상대적으로 낮은 물가인상을 보였습니다.

인플레이션을 감안한 결과를 [표 34]와 [표 35]에 정리했습니다. 통상 중앙은행의 인플레이션 목표치는 2% 정도로 알려져 있습니다.

최근 23년간 한국의 인플레이션도 2.3%였죠. 미래에도 이정도의 인플레이션이 발생한다고 가정해 보겠습니다. [표 34]의 왼쪽 부분은 물가상승분을 감안하지 않고 계산한 내용이고 우측은 연평균 물가가 2.3%씩 올랐다고 가정한 결과입니다.

0세인 자녀에게 계좌를 만들어 주고 자녀가 지속 투자해 65세까지 7.2%의 수익률로 굴리면 52억 원이 됩니다. 그런데 이 값은 미래 가치이기 때문에 현재 시점의 가치로 환산해 보아야 돈의 크기를 가늠해 비교할 수 있습니다. 우측의 (가)를 보면 65세에 계좌잔고는 19억 원이 됩니다. 즉 요즘 돈으로 19억 원이 마련된다는 것입니다. 현재 시세로도 굉장히 큰돈입니다. 100세까지 생활비를 쓰기에 전혀 문제가 없을 크기의 돈입니다.

그리고 또 하나 [표 34] 우측의 (나) 부분을 잘 보세요. 물가가 오르는 만큼 매달 납입하는 돈의 크기도 줄어드는 모습을 보여줍니다. 당장 30만 원 혹은 50만 원씩 매달 넣는 것은 부담이 될 수밖에 없습니다. 하지만 물가가 오르는 만큼 이 금액의 실질적인 부담은 줄어듭니다. 5세까지 넣은 납입원금 1,800만 원은 현재 시세로 1,703만 원입니다. (B) 항목과 (나) 항목을 보시면 됩니다. 65세까지 누적 납입금은 3억3,000만 원이지만, 현재 시세로는 1,889만 원 밖에 되지 않습니다.

이 얘기를 살짝 바꿔 설명하면 이렇습니다. '현재 시세로 1,889만 원을 넣어 굴리면 19억 원을 갖고 은퇴할 수 있다'. 우리 아이가 이

표 34 》》 **인플레이션 2.3% 시 실질수익률과 실질 잔고(연수익률 7.2% 가정)**

	물가상승분 감안(전)			물가상승분 감안(후)		
	계좌잔고 (A)	납입원금 (B)	원금대비 잔고비율 (C)	계좌잔고 (가)	납입원금 (나)	원금대비 잔고비율 (다)
5세	2,159	1,800	120%	2,038	1,703	120%
10세	5,215	3,600	145%	4,626	1,730	267%
15세	9,542	5,400	177%	7,913	1,757	450%
20세	15,667	7,200	218%	12,089	1,783	678%
25세	24,338	9,000	270%	17,393	1,810	961%
55세	256,970	27,000	952%	113,272	1,836	6,168%
60세	367,392	30,000	1,225%	147,276	1,863	7,906%
65세	523,718	33,000	1,587%	190,468	1,889	10,081%

정도 자금을 준비해 놓고 노후를 맞이하면 참 좋지 않을까요? 역시 필요한 건 긴 시간입니다. 65년을 굴려서 저런 결과가 나온 것이니까요. 10세가 되었을 때를 보면 현재 시세로 1,730만 원 넣어서 4,626만 원밖에 안됩니다. 65세까지의 납입금과 10세까지 납입한 금액은 159만 원(=1,889-1,730)밖에 차이 나지 않는데, 계좌 잔고는 18억5,842만 원(=190,468-4,626)이나 차이가 납니다. 바로 10년과 65년이라는 투자 기간의 차이 때문입니다.

앞으로 저물가가 지속되지 않고 고물가의 시대가 온다면 어떨까요? 1976년부터 1999년까지 24년간의 인플레이션은 연평균 8.1%로 매우 높았습니다. 이는 1970년대 석유 파동(오일 쇼크)으로 전 세

표 35 〉〉〉 **인플레이션 8.1% 시 실질수익률과 실질 잔고(연수익률 7.2% 가정)**

	물가상승분 감안(전)			물가상승분 감안(후)		
	계좌잔고 (A)	납입원금 (B)	원금대비 잔고비율 (C)	계좌잔고 (가)	납입원금 (나)	원금대비 잔고비율 (다)
5세	2,159	1,800	120%	1,759	1,496	118%
10세	5,215	3,600	145%	3,441	1,516	227%
15세	9,542	5,400	177%	5,048	1,536	329%
20세	15,667	7,200	218%	6,584	1,556	423%
25세	24,338	9,000	270%	8,052	1,576	511%
55세	256,970	27,000	952%	21,899	1,596	1,372%
60세	367,392	30,000	1,225%	23,863	1,616	1,477%
65세	523,718	33,000	1,587%	25,741	1,635	1,574%

계 원유 값이 급등하며 각국의 물가를 끌어올렸기 때문입니다. 우리나라 역시 1980년을 전후로 20%가 넘는 고물가 시기를 겪었죠. 미래에도 이런 일이 발생할지는 모르겠습니다. 하지만 늘 모든 가능성은 열어 두어야 하니 연 8.1%의 인플레이션이 발생했다고 치고 계산해 보았습니다. [표 35]의 마지막 줄을 보면 65세일 때 물가상승분을 감안한 계좌 잔고는 2억5,741만 원이 됩니다. 저 돈만 가지고 노후 생활비를 충당하기는 어려워 보입니다.

물가를 감안하지 않았을 때의 52억 원에 비하면 너무 작죠? 왜냐하면 수익률(7.2%)이 물가(8.1%)보다 낮기 때문입니다. [표 35]를 보여드린 이유는 항상 인플레이션을 감안해 투자해야 한다는 말씀을 드리기 위해서입니다. 별 생각 없이 예금에만 넣어 놓는다면 고물가 시대를 맞았을 때 미래에 쓸 돈이 흩어져 없어질 수 있습니다. 기본적으로 투자를 검토해야 하는 이유가 이것입니다. 장기적인 인플레이션을 극복하려면 투자를 할 수밖에 없습니다.

만약 앞으로 1970~80년대와 같은 고물가 상황이 발생한다면 어떻게 될까요? 70~80년대를 포함하면서 가급적 긴 기간의 모습을 확인해 보겠습니다. 필수 데이터 중 하나가 달러원 환율인데, 한국은행에서 조회할 수 있는 가장 오랜 기간인 1964년 5월을 백테스트의 시작점으로 잡았습니다. 백테스트로 검증해 볼 전략은 K-올웨더 포트폴리오입니다. 앞에서 설명했듯이 K-올웨더 포트폴리오를 구성하는 자산은 환노출 미국 주식, 한국 주식, 환노출 미국 국채, 한국 국채, 현금성 자산, 환노출 금 등 6가지입니다. 그런데 코스피 지수가 1980년에 시작했기 때문에 제대로 된 백테스트를 할 수 없어 대신 MSCI 신흥국 지수를 사용했습니다. 한국 국채 지수의 경우 2000년 이후는 직접 추산하여 만든 데이터를 사용했고, 그 이전은 미국 국채 지수를 사용했습니다. 한국과 미국 국채의 움직임은 물론 다르지만 거칠게나마 검증하고자 이렇게 사용했습니다. 현금성 자산의 경우 1991년 3월 이후는 한국은행이 제공하는 CD 91일물을 사용했고, 그 이전은 미국 T-bill 데이터를 사용했습니다. 금 데이터는 블룸버그의 데이터를 참조했고, 각각의 지수가 산출되기 이전 데이터는 유명한 자산배분 투자자인 메브 파버가 만든 사이트인 '

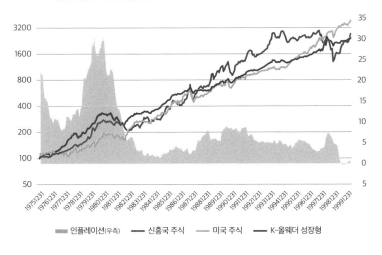

그림 19 〉〉〉 **K-올웨더 성장형 포트폴리오의 고물가 상황에서의 움직임**
(1975.12.31~1999.12.31)

범례: ■ 인플레이션(우측)　— 신흥국 주식　— 미국 주식　— K-올웨더 성장형

> **T-bill**
> 미국 재무부가 발행하고 미국 정부가 지급을 약속한 만기 1년 이하(91일, 182일, 365일 만기)의 초단기 국채를 말합니다.

아이디어팜(https://theideafarm.com/)'에서 참고했습니다.

　1976년부터 1999년까지 24년간의 인플레이션은 연평균 8.1%였습니다. 같은 기간 K-올웨더 성장형 포트폴리오를 운용했다면 어땠을까요? K-올웨더의 수익률은 연 14.2%로 신흥국 주식(14.7%)이나 미국 주식(16.5%)보다는 다소 낮았지만 인플레이션보다 6.1%포인트 높았습니다. 변동성은 K-올웨더가 연 10%로 신흥국 주식(21%)이나 미국 주식(15%)보다 훨씬 낮았습니다. 최대 낙폭 역시

K-올웨더가 21%로 신흥국 주식(56%)이나 미국 주식(30%)보다 안정적인 모습을 보였습니다.

인플레이션이 8%대로 주춤했던 1977년 9월부터 급격히 올라 30% 수준을 보였던 1980년 3월까지는 어땠을까요? 해당 기간 소비자물가지수는 160%나 올랐습니다. 하지만 신흥국 주식은 185%, 미국 주식은 121%가 올랐고, 금은 324%나 상승했습니다. 여러 자산에 분산해둔 덕분에 K-올웨더는 174% 상승해 물가상승분을 커버하고도 남았습니다. 고물가가 지속되더라도 자산배분 포트폴리오는 물가상승 위험을 잘 방어해주었음을 알 수 있습니다.

 ## 아이의 금융교육은 어떻게 해야 할까요?

강의와 상담을 하다 보면 자녀에게 금융교육을 어떻게 시켜야 하는지 질문하는 부모님들을 자주 만납니다. 같은 고민을 하는 분들을 위해 제가 아는 범위 내에서 설명드리려 합니다. 제가 자녀교육 전문가는 아님을 감안하고 너그럽게 봐주십시오.

아이가 부모에게 가르침을 받는 방식은 두 가지입니다. 부모의 가르침을 따라 배우거나 부모의 행동을 직접 보고 모방하는 것입니다. 가정에서 부모가 하는 행동은 말로 자녀를 가르치는 것보다 교육 효과가 훨씬 크다고 합니다. 따라서 자녀에게 무언가를 가르치고 싶다면 부모가 직접 행동으로 모범을 보이는 것이 가장 효과적입니다. 아이는 삶을 대하는 부모의 태도도 그대로 보고 배웁니다. 돈이나 금융에 대한 지식, 태도 역시 마찬가지가 아닐까 싶습니다.

저를 포함해 어느 부모든 아이가 행복하기를 바랍니다. 하고 싶은 것을 마음껏 하며 자유롭게 살게 해주고 싶습니다. 돈 때문에 힘들지 않길 바라고 돈에 얽매이지 않았으면 합니다. 이런 바람을 갖는 이유는 부모 자신이 그러지 못했기 때문입니다. 돈에 자유로운 부모는 거의 없습니다. 다들 돈 때문에 힘들어합니다. 명문대를 못 나오거나 의사 같은 전문직이 아니라서 한이라고 말하는 경우는 별로 없습니다. 많은 부모가 이런 조건을 갖추지는 못했지만, 마음에 맞는 사람을 만나 결혼하고 아이 낳아 키우면서 행복하게 삽니다. 그러다가 돈 때문에 싸우게 되고 불행해집니다. 톨스토이의 《안나 카레니나》는 "행복한 가정은 살아가는 모습이 서로 엇비슷하지만, 불행한 가정은 저마다 다른 모양으로 괴로워하는 법이다."라는 문장으로 시작합니다. 저는 이 문장을 이렇게 바꿔보고 싶습니다. "행복한 가정은 살아가는 모습이 다양하지만, 불행한 가정은 대체로 돈 때문에 괴로워한다."

아이는 부모의 모습을 보고 배우며 자랍니다. 따라서 부모가 돈 때문에 허덕이지 않도록 노력해야 합니다. 그러려면 부모 스스로 돈에 대해 솔직해져야 합니다. 부부 사이는 물론이고 아이가 어렸을 때부터 돈 이야기를 나눠야 합니다. "어린애가 자꾸 돈 얘기하면 안 돼. 넌 공부만 열심히 해."라고 말할 것이 아니라 돈의 가치를 정확히 알려주어야 합니다. 돈을 모으는 방법, 그 돈을 가치 있게 쓰는 방법을 가르쳐야 합니다. 금융교육은 빠를수록 좋습니다. 아이 용돈부터 학원비까지 돈에 관련된 다양한 이야기를 나누고 우리 가정의 경제 상황이 어떤지를 가족이 함께 이야기를 나누어야 합니다.

이 책을 읽는 독자 여러분은 대부분 사회생활을 하고 있을 것입니다. 솔직히 돈 때문에 괴롭지, 학벌 때문에 괴로울 일은 거의 없지 않습니까? 그런데 아이에게 공부 얘기만 하는 건 뭔가 맞지 않는 얘기가 아닐까요? 오히려 공부보다 돈 얘기를 먼저 하는 게 맞지 않을까 싶습니다. 돈에 대한 이야기를 오랜 기간 자연스럽게 나누고, 돈을 덜 힘들게 벌기 위해서 전문 분야가 있으면 좋고, 그러기 위해 대학에 가는 게 더 유리할 수 있다고 알려주는 것이죠. 물론 고등학교 때 프로그래밍이나 용접, 미용 등 특별한 기능을 익혀 좋은 조건으로 취업하는 경우도 있다고 알려주는 것도 좋겠습니다. 고졸이든 대졸이든 모두가 취업하는 것은 아니고 사업이나 장사를 하는 경우도 있다는 얘기도 해주는 겁니다. 대학에 가는 것은 여러 가지 길 중의 하나일 뿐인 거죠. 그리고 어느 코스를 선택하든 성인이 되면 결국은 돈을 버는 일을 하게 됩니다. 결정적인 돈 얘기는 빼놓고 공부 얘기만 하는 것은 앞뒤가 바뀐 것 같습니다.

유대인 속담 중에 "돈은 모든 것을 움직인다"라는 말이 있습니다.

"황금 보기를 돌 같이 하라"와 같은 격언을 들으며 자란 한국인에게는 다소 불편하게 들리기도 합니다. 이것은 고려의 최영 장군 아버지가 남긴 유언으로 권세와 부귀, 허영 따위를 하찮은 돌처럼 여겨 이에 얽매이지 말고 양심과 소신에 따라 행동하라는 말로 청렴결백하라는 의미일 뿐입니다. 이를 잘못 해석해 돈 자체를 부정적으로 받아들이면 안 됩니다. 유대인은 지독하게 돈만 생각한다고 보일 수 있겠지만, 실제로는 어렸을 때부터 '자선'과 '기부'부터 가르친다고 합니다. 또한 유대인은 경제 교육에서 '정직'을 중요하게 가르칩니다. 《탈무드》에는 이런 이야기가 있습니다. 사람이 죽으면 하늘의 문에서 질문을 받는다고 합니다. 그 첫 번째 질문이 무엇일까요? 종교 관련 질문일 것이라고 예상하는 사람이 많을 것입니다. 하지만 하늘의 문에서 받는 첫 번째 질문은 "너는 거래를 할 때 얼마나 정직했는가?"라고 합니다.

유대인은 아기를 재우거나 달랠 때 이렇게 흥얼거린다고 합니다. "싸게 사서 비싸게 팔아(Buy low, sell high), 싸게 사서 비싸게 팔아, 싸게 사서 비싸게 팔아." 가족 경영을 많이 하는 유대인들은 아이들이 가족 회사에서 일을 배울 때 가장 힘든 일부터 가르칩니다. 아이가 어려서부터 어려움을 경험하게 하고, 그 경험을 통해 생각을 바로잡고, 세상을 보는 시작을 넓힐 수 있게 돕습니다. 유대인의 핵심적인 경제 교육 중 하나는 '가난과 궁핍의 경험'입니다. 어려서부터 가난과 궁핍에 익숙해지게 만들고, 이를 자연스럽게 받아들여 세상에 나왔을 때 어떤 어려움이 닥치더라도 스스로 극복할 수 있는 힘을 길러줍니다. 가난을 보여주지 않는 것이 아니라, 가난을 정면으로 마주볼 수 있게 교육하는 것이죠. 가난이 얼마나 큰 저주이며 괴로움인지 가르치는 것입니다. 《탈무드》에는 가난과 궁핍의 실체를 적나라하게 표현하는 이런 문장들이 있습니다. "만일 세상의 모든 아픔과 고통을 모아 저울의 한쪽 편에 올려놓고 빈곤의 고통을 저울의 다른 쪽 편에 올려놓는다면, 저울은 빈곤의 고통을 올려놓은 쪽으로 기울 것이다." 유대인이 돈을 잘 버는 뛰어난 능력을 갖게 된 데에는, 이렇듯 가난에 대한 공포스러울 정도의 두려움이 존재하기 때문이 아닌가 합니다.

유대인은 돈을 속세의 하느님으로 여긴다고 합니다. 이 세상에서 인간이 존경하고 중시할 대상은 하느님 외에는 오직 돈뿐이라고 믿는 것이죠. 《탈무드》에는 돈과 관련된 격언들이 자주 등장합니다. "성경은 밝은 빛을 비추고 돈은 온기를 내뿜는다", "몸은 마음에 의지하며 살아가고 마음은 지갑에 의지하여 살아간다", "돈을 지니고서 문을 두드리면 열리지 않는 문이 없다", "돈은 우리가 신에게서 선물을 살 기회를 준다". 유대인은 만물을 주재하는 존재가 하느님이라면 모든 것을 가능하게 해 주는 하느님은 곧 돈이라고 믿습니다. 하느님을 숭배하는 행위는 유대인의 삶에서는 당연한 일이며, 돈은 바로 그 하느님이 준 선물이라고 여기므로 돈을 떠받드는 것이죠.

석가모니는 속가 재자인 일반인들을 위해 돈에 대한 여러 가지 이야기를 남겼습니다. 《선생경》에서 "마땅히 먼저 기예를 익히라. 그래야만 재산을 얻을 것이니 재산이 이미 갖추어지거든 마땅히 스스로 지키고 보호하라."와 같은 말로 기술을 연마하고 부를 쌓으라고 말합니다. 또한 "먼저 모으고 쌓아 그로써 구차할 때를 준비하라."고 말하는데 이는 현대 금융에서 리스크 관리라고 표현하는 내용 중 하나로, 언제 닥칠지 모를 위기 상황을 대비해 자금을 만들어 놓으라는 얘기입니다. 《중아함경》에서는 "재물을 구한 뒤에는, 그것을 나누어 4분(四分)으로 만들라. 1분으로는 음식 만들고, 1분으로는 농사 장만하고, 1분은 모두 간직해 두어, 급한 때의 쓰임에 이바지하고…. 농사꾼이나 장사꾼에게 주어, 나머지 1분에는 이자(利子)를 나게 하고…."라고 얘기합니다. 현대적으로 해석하면 수입의 25%를 생활비에 쓰고, 25%는 직장이나 사업, 자기개발에 쓰고, 25%는 저축하고, 나머지 25%는 투자로 수익을 늘리라는 말입니다. 법정 스님의 《무소유》를 읽은 이들에겐 생소한 내용이었을 것입니다. 하지만 2500여 년 전 부처님이 평범한 사람들을 위해 해준 돈에 관한 이야기들은 현대인에게도 크게 도움되는 이야기입니다.

생활비를 감당하기 어려워진 엄마가 고등학생 자녀의 학원을 줄이려고 이런저런 핑계를 대고 있는데 자녀가 "엄마, 돈 없어서 그래?"라고 질문을 던집니다. 깜짝 놀란 엄마는 다니는 학원이 많으면 힘들까 봐 그런 거라고 둘러대며 그 순간을 넘겼죠. 하지만 엄마는

밤새 잠을 이룰 수 없었습니다. 성실하게 맞벌이를 하고 있지만 남편과 자신의 수입만으로는 마음껏 학원을 보낼 형편이 안 되었기 때문입니다.

위의 에피소드는 가상의 이야기지만 주변에서 흔히 듣거나 경험하는 내용입니다. 실제로 저도 이와 비슷한 사례를 들었습니다. 전 직장 같은 부서에서 일했던 분의 이야기입니다. 상고를 졸업하고 은행에 취업해 열심히 일해 팀장까지 승진한 선배님이었습니다. 어느 날 아드님이 공부를 잘해 외국어고등학교에 합격했다고 말씀하시는데 표정이 좋지 않으시더라고요. 축하할 일인데 표정이 왜 어두우시냐 물었습니다. 외고에서는 입학시험 성적에 따라 반이 나누어진다더군요. 그래서 아들이 입학 전에 딱 두 달만 영어와 수학 과외를 시켜달라고 했답니다. 아들이 과외 선생님까지 알아봤는데 과외비를 낼 여력이 안 되어 대출을 알아보고 있다는 얘기였습니다. 연봉이 꽤 높은 은행원이라도 미래를 대비해 여윳돈을 만들어두지 않으면 이렇게 급히 사용할 돈을 마련하기 어려울 수 있습니다.

돈 문제는 끊임없이 생깁니다. 학원비나 과외비뿐만이 아닙니다. 아이가 대학에 합격했는데 등록금이 없어 곤란한 경우도 많습니다. 저 역시 비슷한 일을 겪었습니다. 저는 제주도 시골에서 자라면서 학원에 다녀보지 못했습니다. 서울로 대학에 올 때 부모님께서 굉장히 힘들어하셨던 기억이 아직도 선명합니다. 부모님 모두 중학교도 못 다니셨을 정도로 어려운 환경에서 자라셨고 우리 집 형편도 좋지 못했습니다. 서울로 유학 간 아들 뒷바라지하느라 무척 고생하셨죠. 제가 4년제 대학에 가는 바람에 제 동생이 원하는 학교로 진학을 못 했다는 얘기를 한참 후에 들었던 기억이 납니다. 부모님이 얼마나 속상하셨을지 상상도 안 됩니다. 자녀를 키우고 계신 여러분도 대부분 비슷한 걱정과 고민을 하게 됩니다. 이미 하고 계신 분들도 많을 겁니다.

이런 문제에 대비하자고 당장 큰돈을 벌어 부자가 될 수는 없습니다. 이것은 실현 불가능하기도 하고 지금보다 조금 더 부자가 된다고 해도 돈 걱정은 끊이지 않습니다. 먼저 돈에 대해 제대로 이해하는 게 우선입니다. 사회생활을 하며 자연스럽게 익히게 된 지식도 있겠지만 조금 더 노력해 금융에 관한 지식을 쌓아야 합니다. 가장 중요한 지식인데 누구도 제대로 가르쳐주지 않기 때문에 스스로 공부할 수밖에 없습니다. 또한 부부 사이에서도 그렇고 자녀와도 돈에 대한 이야기를 스스럼없이 나누어야 합니다. 그래야 가정의 경제 상황에 맞게 소비하고, 미래를 계획할 수도 있습니다. 쉬쉬하다 보면 어느 순간 곪아 터지며 가족을 불행하게 만들 수 있습니다.

"돈 밝히는 아이가 아닌 돈에 밝은 아이로… 초등 경제금융교육 지원 확대(매일경제, 2022.2.25)"라는 기사에 따르면 그동안 초등생의 경제교육은 '돈을 밝히는 아이'를 만든다는 생각에 소외되어 왔지만, 이제는 '돈에 밝은 아이'로 키우겠다는 육아철학이 확산되는 추세라고 합니다. 교육을 받을 곳이 마땅치 않다는 문제점을 해결하기 위해 금융산업공익재단이 서울시교육청과 함께 서울 지역 초등학교를 대상으로 경제금융교육을 확대 실시했다고 합니다. 서울 지역 초등학교의 25%가 지원을 받을 수 있다고 하는데 너무 부족한 실정입니다. 타 지역의 경우는 더욱 그러하고요.

다행히 온라인으로도 금융교육을 받을 수 있습니다. 기획재정부(어린이 경제교실), 금융감독원(e-금융교육센터) 등 다양한 금융기관과 교육단체에서 어린이와 청소년들을 위한 온오프라인 금융교육을 지원하고 있습니다. 금융교육에 참고할 수 있는 사이트 정보를 〈부록〉에 정리하였으니 반드시 활용하시기 바랍니다.

부록

어린이/청소년
금융교육 사이트 소개

기획재정부 어린이 경제교실(http://kids.moef.go.kr/)

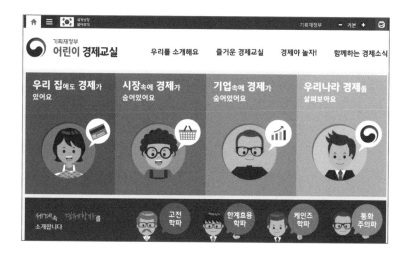

- 시장경제원리, 기업의 역할, 나라 경제 등 다양한 온라인 경제교육 콘텐츠 제공
- 현명한 선택, 시장과 가격, 우리집 경제, 기업과 생산, 금융이야기, 나라경제의 흐름, 정부의 역할과 살림 등
- 즐거운 경제교실

   https://kids.moef.go.kr/class/intrstClass.do

- 동영상으로 경제공부해요

   https://kids.moef.go.kr/news/mvpStdList.do?boardCd=MS001

금융감독원 e-금융교육센터(https://www.fss.or.kr/edu/main/main.do)

- 금융소비자의 역량 강화를 위한 다양한 금융교육을 지원합니다. 다양한 국내 금융교육기관에서 운영 중인 다양한 교육프로그램 과 콘텐츠 등을 누구나 쉽게 찾아보고 활용할 수 있습니다.
- '초등학교 슬기로운 생활금융' 등 수십 종의 교재를 무료로 PDF 다운로드 받을 수 있고, 금융교육 교재신청을 하면 책을 집으로 보내줍니다.

- 초등학교 슬기로운 생활금융

- 금감이와 함께하는 금융생활 스티커북

- "모을까? 불릴까? 금융탐험대": 아동, 청소년을 대상으로 저축 및 투자를 학습할 수 있도록 제작한 보드게임입니다.

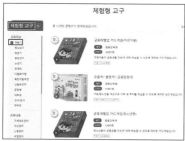

- 이러닝 초등학생 과정

https://www.fss.or.kr/edu/fec/elearning/elrnSchboyList.do?menuNo =300133

- 이러닝 중학생 과정

https://www.fss.or.kr/edu/fec/elearning/elrnMsklsdList.do?menuNo =300133

• 동영상 콘텐츠

 https://www.fss.or.kr/edu/fec/contMng/contUserList.do?check
=1&menuNo=300017

• 교재 무료 다운로드

 https://www.fss.or.kr/edu/fec/contMng/contUserList.do?check
=2&menuNo=300018

한국은행 경제교육

• 어린이 · 청소년 · 대학생 · 일반인 누구나 인터넷을 통해 자신의
수준에 알맞게 경제를 학습할 수 있습니다.

• 어린이 경제만화

• 어린이 경제 강좌

• 게임을 통한 경제 이해와 생산 게임

• 어린이 온라인 학습

 https://www.bok.or.kr/portal/bbs/B0000216/grpList.do?type=CHILD&menuNo=200646

• 청소년 온라인 학습

 https://www.bok.or.kr/portal/bbs/B0000216/grpList.do?type=YNGBGS&menuNo=200647

어린이 경제신문

www.econoi.com/?r=news

- 생활, 리더, 속담, 동화, 미디어 등을 소재로 경제와 친밀도 상승
- 어린이 경제신문 유튜브 채널

전국투자자교육협의회(https://www.kcie.or.kr/)

- 합리적 투자문화 조성 및 투자자 보호를 목적으로 금융위원회와 금융감독원을 비롯하여 한국금융투자협회 등 7개 기관이 공동으로 설립한 투자교육 기관입니다. 금융 투자 분야에 대한 체계적이고 효율적인 교육 프로그램을 제공하여 일반인의 투자 판단능력 향상과 평생자산 설계에 도움을 주고자 설립된 비영리 단체입니다.
- 청소년&어린이: 동영상으로 배우는 금융

 https://www.kcie.or.kr/elearning/teenage_lib/video

금융투자체험관 파이낸셜빌리지

- 금융투자체험관(파이낸셜빌리지)은 어린이, 청소년, 대학생, 성인에 이르기까지 전 연령대가 함께 참여하여 최신 멀티미디어를 통해 금융과 투자를 체험할 수 있는 세계 최초의 체험형 학습관입니다.

 https://www.kcie.or.kr/mobile/fvill/financial_ village/intro

청소년금융교육협의회

- 찾아가는 금융교실 : 전국 초중고 및 기관
- 초등 80분, 중등 90분, 중고등 90~100분
- 문의 02-784-3237

 http://www.fq.or.kr/

참고자료

- 〈13세 성인식 때 재테크 첫발··· "돈이란 불리는 것" 바로 주식투자〉 조선일보 (2022.3.22)

- 《거인의 어깨》 홍진채, 포레스트북스(2022)

- 《내 아이의 부자 수업》 김금선, 한국경제신문사(2021)

- 〈돈 밝히는 아이가 아닌 돈에 밝은 아이로···초등 경제금융교육 지원 확대〉 매일경제(2022.2.25)

- 《마법의 연금 굴리기》 김성일, 에이지21(2019)

- 《마법의 투자 시나리오》 김성일, 다산북스(2022)

- 《부자들의 생각법》 하노 벡, 갤리온(2013)

- 《유대인의 돈, 유대인의 경쟁력》 커유후이, 올댓북스(2019)

- 〈은행 우대상품 속속 '세뱃돈 맡기세요'〉 매일경제(2023.1.24)

- 《탈무드》 노먼 솔로문, 규장(2021)

내 아이를 위한 마법의 돈 굴리기

초판 발행 · 2023년 7월 7일
2쇄 발행 · 2023년 7월 25일

지은이 · 김성일
발행인 · 이종원
발행처 · (주)도서출판 길벗
출판사 등록일 · 1990년 12월 24일
주소 · 서울시 마포구 월드컵로 10길 56(서교동)
대표 전화 · 02)332-0931 | **팩스** · 02)323-0586
홈페이지 · www.gilbut.co.kr | **이메일** · gilbut@gilbut.co.kr

기획 및 책임편집 · 이치영(young@gilbut.co.kr) | **마케팅** · 정경원, 김진영, 최명주, 김도현
제작 · 이준호, 이진혁, 김우식 | **영업관리** · 김명자, 심선숙 | **독자지원** · 윤정아, 최희창

교정교열 · 김은혜 | **디자인** · 김윤남
CTP 출력 및 인쇄 · 금강인쇄 | **제본** · 금강제본

▸ 잘못 만든 책은 구입한 서점에서 바꿔 드립니다.

ISBN 979-11-407-0502-3 03320
(길벗도서번호 070482)

정가 18,800원

독자의 1초를 아껴주는 정성 길벗출판사

(주)도서출판 길벗 | IT교육서, IT단행본, 경제경영서, 어학&실용서, 인문교양서, 자녀교육서 www.gilbut.co.kr
길벗스쿨 | 국어학습, 수학학습, 어린이교양, 주니어 어학학습, 학습단행본 www.gilbutschool.co.kr